KB249966

# 음양의 경제학

**일러두기** 인용문의 내용 중 ( )부분은 저자가 내용을 추가한 부분입니다.

세계를 · 움직이는 · 새로운 · 힘

# 음양의 경제학

하라다 다케오 지음 | 강신규 옮김

21세기북스

"일본 대학생들이 취업 때문에 고생하고 있다는 사실은 누구나 알고 있는 일입니다. 그런데 가까이 있는 다른 나라는 과연 어떨까요? 중국이나 대만, 심지어 한국 등의 나라는 우리보다 상황이 훨씬 낫지 않습니까?"

민간 싱크탱크인 국제전략정보연구소IISIA(Institute for International Strategy and Information Analysis)의 CEO인 나는 사회 공헌 사업의 일환으로 '정보 리터러시 스쿨'에서 학생들을 교육하고 있다. 위의 물음은 2011년 1월, 강의 중에 한 학생이 내게 던진 질문이다.

약 6년 전인 2005년 3월, 나는 나름대로 중대한 결정을 내리고 일본 외무성을 박차고 나왔다. 그 후 세계의 흐름을 가르치고, 금융 자본주의의 거센 파고 속에서도 흔들리지 않는 젊은 인재를 육성하기 위해 정보 리터러시 스쿨을 무상으로 운영하고 있다. 정보 리터러시literacy는 정보화 사회를 살아가는 데 필요한 기본적인 지식과 교양을 말한다.

이날의 주제는 일본 대학생들의 심각한 취업 문제를 단지 지적하는 것에 그치지 않고, 그 해결방안을 모색하는 힘을 익히게 하자는 데 있었다. 그래서 정책 제안의 형태로 학생들의 대답을 끌어내어 이를 들어보는 데 중점을 두었다. 다른 때와 마찬가지로 때로는 놀라운 아이디어가 나오기도 하고, 모두가 웃음을 터뜨릴 만큼 재미있는 대답이 나오기도 했다. 그러면서도 학생들은 너나없이 진지한 자세로 임했다.

마지막 순간에 한 학생이 갑자기 질문을 던졌다. 바로 서두에 언급한 그 물음이었다. 핵심을 찌르는 좋은 질문이었다.

선생 역할을 맡은 내가 끼어들려고 하는 순간, 발표자인 Y군이 골똘히 생각에 잠긴 듯한 표정으로 대답했다. "사실을 말하자면 상황은 전혀 다르지 않습니다. 청년 실업은 일본만의 문제가 아닙니다. 동아시아 나라의 젊은이들은 모두 '일자리' 문제로 고민하고 있습니다." 용의주도한 대답이었다. Y군은 동아시아 각국의 실업률까지 제시했다. "설마!" 하면서도 학생들은 열심히 귀를 기울였다.

이윽고 강평하는 시간이 돌아왔다. 나는 여느 때와 마찬가지로 열심히 공부한 Y군에게 감사와 칭찬의 말을 전하고는 다음과 같이 마무리했다.

"Y군이 지적했듯이, 일할 곳이 없다는 이 심각한 사회 현실로 매일 걱정하며 하루하루를 살고 있는 게 일본 학생들만의 문제는 아니다. 한국, 중국, 대만 학생들 역시 똑같은 고민을 하고 있다. 그러나 우리가 반드시 생각해야 할 점이 하나 있다. 일본뿐만 아니라 왜 동아시아 각국에서 그와 같은 동일한 문제가 발생하고 있느냐 하는 사실이다. 만약 공통의 원인이 있다고 한다면 그것을 철저하게 제거하면 되고, 그러면 동아시아는 반드시 결속될 것이다. 그렇게 생각하지 않는가?"

지금 일본뿐만 아니라 동아시아를 괴롭히고 있는 것은 오직 하나다. 그것은 바로 지금까지 급격하게 확산되었던 미국식 금융 자본주의의 흐름이다. 흔히 우리는 자기 일, 자기 나라만을 생각한다. 그러나 냉정하게 생각해보면 한국과 일본, 그리고 동아시아에서 살고 있는 우리 모두를 크게 동요시키고, 때로는 적대시하면서까지 평온을 뒤흔들고 있는 무언가가 보일 것이다. 그것은 바로 너무나도 강력한 미국의 그늘이며, 그 그늘은 곧 '음陰'이다.

그렇지만 미국 탓만 하기에는 이미 늦었다. 미국의 그늘이 된 주원인을 찾아내 제거하고자 했지만, 결국 무의식적으로 그것을 복사한 시스템을 받아들여 우리 것으로 만들어온 과정이 동아시아에서 살고 있는 우리들의 역사이기 때문이다.

게다가 지금 미국은 파산 직전까지 와 있다(제1장 참조). 금융 자본주의 자체가 이미 리더 부재의 세계로 향해가고 있다. 그러니 "역시 미국이야!", "천만에, 미국은 아니야!"라고 시시비비를 따질 시기는 이미 지났다는 말이다. 지금까지도 우리는 그와 똑같은 말들을 수도 없이 되풀이해왔다. 그렇지만 이번에는 정말이다. 우리 앞에서 미국의 그늘이 조금씩 조금씩 사라져가고 있다.

그러나 정작 미국은 매우 느긋해 보인다. 그럴 수밖에 없는 게 미국은 이민자들로 형성된 나라다. 노동력과 소비자, 이 쌍방의 역할을 동시에 하고 있는 '사람'을 받아들이면 미국은 좀비처럼 즉시 되살아날 수 있기 때문이다.

그러므로 바로 지금 동아시아에 살고 있는 우리가 먼저 제동을 걸어야 한다. 우리의 미래와 희망을 무너뜨리고, 그 압도적인 힘으로 계속해서 우리를 농락하는 그 '미국적인 것'을 말이다.

이 책은 지금까지의 저자의 말에 공감하는 사람들을 위해 집필한 필독서다. 달리 말하자면 미국식 금융 자본주의의 다음 단계를 모색하는 데 필요한 준비를 하기 위한 안내 책자라고 할 수 있다. 하지만 다음 단계를 모색한다고 해서 특별히 어렵게 생각할 필요는 없다. 오히려 내가 이 책에서 기술하는 방식은 그와 정반대다.

포스트아메리카 또는 탈 미국 시대에 요구되는 진정한 삶의 길은 과연 무엇인가? 단도직입적으로 말하자면 동아시아에서 살아온 우리들의 역사와 문화 속에 그 답이 있다는 게 나의 솔직하고 분명한 대답이다. 그리고 그 핵심 키워드가 바로 '음과 양'이다. 이제부터 독자 여러분들과 함께 도출하게 될 결론을 미리 언급하자면 다음과 같다.

특히 최근 약 20년 동안 미국이 전 세계에 확산시킨 금융 자본주의는 과잉 자본주의라고 해야 옳을 것이다. 영어로는 'Capitalism to the Excess'라고 표현할 수 있다.

일찍이 독일의 위대한 사회학자 막스 베버Max Weber가 지적했듯이 서구식 자본주의의 근저에는 신앙 고백이 있었다. 다시 말해서 직업은 신이 내린 것이므로 이를 완수하는 게 신도로서의 책무라는 것이다.

오늘날의 비즈니스맨에 비유할 수 있는 예전의 상인들은 천직을 완수하면서 운이 좋으면 돈을 벌 수 있었다. 그렇게 해서 조금씩 돈이 모이고 자본이 축적되었다. 축적된 많은 자본을 앞에 두고 상인들은 만족스럽게 중얼거렸다. "이로써 나는 천직을 완수했다."

하지만 이런 발상은 '하느님의 나라Kingdom of God'로서 세워진 미국으로 전파되면서 비대화되고 기형화되었다. 다시 말해서 버는 게 이기는 것이고 또한 피하는 게 이기는 것이라는 형태로 변질된 것이다. 그럼으로써 천직이 지녔던 예전의 윤리관은 사라지고 부의 축적만이 자기목적화가 되었다.

미국 내에서는 '서브프라임 모기지론', 개도국에서는 '마이크로 파이낸스'로 이름만 달리 부를 뿐, 온갖 수단과 방법을 동원해 가난한 자들의 몫까지 지속적으로 착취한 게 바로 미국식 금융 자본주의다. 그 자본주의가 지금 금융 멜트다운meltdown을 일으켜 드디어 붕괴하고 있다.

노심용융 또는 노심용해라고 표현하기도 하는 멜트다운은 최근 동일본 대지진 여파로 발생한 후쿠시마 원전 사고로 일반인에게도 널리 알려진 용어다. 금융에서는 1987년 10월 19일 발생한 '검은 월요일Black Monday'을 금융 시스템 붕괴를 의미하는 멜트다운이라고 표현하기 시작했다.

그렇다면 과연 어째서 이렇게 되어버렸는가?

그 이유를 찾으려면 먼저 원점으로 돌아가서, 지금까지 미국식 금융 자본주의에 끊임없이 농락당한 우리 동아시아인들을 생각해야 한다.

그러면 알게 될 것이다. 예전에는 경건한 신도였던 서양 상인들이 그 직업이 지닌 숭고한 정신을 내팽개치고 펀드매니저로서 탐욕스런 추태를 보였다는 것을. 도덕적 해이가 난무하고, 향락적인 생활과 무절제한 소비를 하는 등 모든 게 너무나도 비이성적이었다.

거기에 없는 게 오직 하나 있었는데, 그것은 바로 균형이다. 표현을 달리하자면 곧 '만족함을 안다'는 태도가 결여되어 있었다. 그리고 그 배경에는 돈은 천하를 돌고 도는 거라고 여겨야 하는 공동체 의식이 있어야 했다. 누군가가 압도적으로 빼앗고 있다면 어딘가에는 반드시 철저하게 빼앗긴 사람이 존재한다. 빼앗긴 사람은 절망한 나머지 무너지고, 그러다 눈물마저 말라버리면 증오에 불타 가진 사람을 공격한다. 그리고 싸움은 반복되고 지속된다.

이제 웬만하면 이런 악순환의 고리를 끊어야 한다. 그러기 위해서는 누구나 '다른 것'과 연결되어 있고, 그래서 유지되고 있는 미묘한 균형을 유지하도록 노력해야 한다. 바로 이것이 음양의 경제학이다. 이는 우리 동아시아인들의 전통적인, 그러나 잊어버리고 있었던 기본 중에서도 기본이 되는 사상이다.

이 책의 제1장에서는 먼저 '금융 자본주의의 어두운 그림자'라는 주제를 가지고 지금 세계 경제 질서에 무슨 일이 일어나고 있는지를 기술한다.

제2장에서는 과잉 자본주의야말로 금융 멜트다운의 원흉이라는 사실을 깨닫게 된 현실을 확인한 다음, 그에 대항하는 원리인 음양에 뿌리를 두고 있는 동아시아의 역사를 되돌아보기로 한다.

제3장에서는 그와 같은 대항 원리이자 동아시아의 공통 원리이기도 한 음양이 우리의 삶 속에 여전히 잠복한 채 숨 쉬고 있다는 사실을 확인한다.

그리고 마지막 제4장에서는 탈 미국 시대에 대비하는 방안으로서 음양이라는 사고방식이 어떤 혼을 불어넣는지를 고찰한다.

지금 우리는 금융 자본주의가 모든 것을 차지한 채 마구 휘젓고 지나간 자리에 서 있다. 그러므로 이제부터는 차분히 마음을 가라앉히고 일상생활 수준에서부터 고상한 정치 세계까지 일관되게 적용해야 할 새로운 공통 원리를 찾아야 한다.

2011년 3월 11일 오전 2시 46분, 일본 동북 지방의 태평양 앞바다를 진원지로 하는 규모 9.0의 대지진이 일본 열도를 뒤흔들었다. 지구는 이 전대미문의 사태를 통해 도대체 우리들에게 무엇을 알리고자 한 것일까? 결론부터 말하자면, 이 책에서 지적하는 새로운 공통 원리를 찾는 과정이 바로 이 질문에 대한 답이다.

## 차례

■ 프롤로그 4

## PART 1 멜트다운, 금융 자본주의의 어두운 그림자

미국과 유럽의 불가사의한 속셈 19
동아시아에 몰려드는 거품 경제의 서막 26
쫓는 자와 쫓기는 자, 세계 경제의 대립 구도 34
희토류 문제의 진정한 흑막 47
금융 자본주의, 미국식 게임의 함정 57

## PART 2 동아시아를 이끄는 펀더멘털

한 · 중 · 일, 골든트라이앵글의 공통 분모 73
뉴노멀 시대를 이끌어갈 근본 원리, 음양 사상 84
일본 고대 통치 수단으로서의 음양도 91
국가 권력과 일본 문화의 피와 살 105
동아시아에 세속화된 음양과 풍수 115
한반도의 통치 이데올로기 121

PART 3

## 밀교로서의 음양 사상과 새로운 질서

현교와 밀교의 팽팽한 공방과 외교 역학 133
황실의 식탁에 잠재된 철학과 신조, 그리고 사상 148
마크로비오틱의 빛나는 승리 154
베일에 가려 있던 원소 변환 발견 159
새로운 도전을 시도하는 밀교 164
음양 사상의 역습과 대항 176

PART 4

## 탈 미국 시대를 위한 새로운 나침반

'사막의 국민'의 음모와 '숲의 국민'의 대항 187
미국의 시나리오와 동일본 지진 199
부의 동진과 회귀의 전개 과정 210
자금의 유출과 유입으로 본 신경제 질서의 흐름 219
탈 미국 시대를 위한 음양 사상 227

■ **에필로그** 234 ■ **주** 243 ■ **참고 문헌** 245

21세기북스

# 수수께끼 풀이는 저녁식사 후에

謎解きはディナーのあとで

히가시가와 도쿠야 東川篤哉 소설
현정수 옮김

# 2011 북이십일 도서목록

21세기북스

## 여럿이 한 호흡

트와일라 타프 지음 / 값 12,000원

### 천재 안무가가 말하는 성공하는 조직의 첫 번째 습관

한 호흡으로, 하나의 심장이 되어 함께 뛰어라! 성공은 1%의 영감과 99%의 협력에서 시작된다! 40여 년간 무용계에서 전설을 만들어낸 세계적인 안무가 트와일라 타프는 '누군가와 함께 일하는 것'을 통해 '협력의 중요성'을 이야기한다.

## 직원 우선주의

비니트 나야르 지음 / 값 14,000원

### 고객이 아닌 직원이다! 1억 명 직원을 둔 CEO의 경영 전략

예측 불가능한 시대에 유연하게 대처할 수 있는 살아있는 조직을 꿈꾸는가?
이 책은 변화를 두려워하는 기업들에게 고유한 가치를 창출하고 경쟁사와 차별화될 수 있는 근본적인 전략을 제시한다!

## 아침 수목원

이동혁 지음 / 값 13,000원

### 바위보다 단단해진 풀처럼, 서둘지 않고 피는 꽃처럼

인생을 엮는 6가지 테마로 숲의 질서에서 삶의 질서를 이야기한 작품이다.
오랜 시간 묵묵하게 피어내는 꽃을 따라 걸어간 길, 그곳에서 발견한 자연이 인간에게 주는 무한한 지혜에 귀를 기울인다. 내 안 어딘가에도 살고 있을 바람과 흙과 꽃과 나무의 노래를…

## 속도에서 깊이로

윌리엄 파워스 지음 / 값 15,000원

### 우리는 왜 항상 초조하고 불안한가?

깊이가 필요한 시대, 천천히 느끼고 제대로 생각하는 법! 어디까지가 군중의 의견이고 어디서부터가 내 의견인가? 인터넷을 꺼라. 스크린에서 눈을 떼라. 휴대전화도 꺼라. 멈추고, 호흡하고, 생각하라. 그러면 전 세계가 당신의 마음과 함께 속도를 늦출 것이다!

나는 이 책을 샀다. 조용한 시간이 필요했기 때문이다. _**월스트리트저널**

21세기북스 트위터 @21cbook 블로그 b.book21.com 전화 031-955-2153 홈페이지 www.book21.com

## 나는 탁월함에 미쳤다

공병호 지음 / 값 15,000원

### 공병호, 처음으로 자신에 대해 말하다!

탁월함을 향한 끝없는 도전. 최고의 1인 기업가, 공병호는 과연 어떻게 성공할 수 있었을까? 자기 힘만으로 자신의 길을 개척하려면 성공의 방법이 필요하다. 공병호가 인생 50년을 살면서 깨달은 성공의 법칙!

우리 각자가 어떻게 살아야 하는지에 대한 영감을 얻고 싶은 이들을 위한 책

## 송재용의 스마트 경영

송재용 지음 / 값 15,000원

### 서울대 최고 명강의 송재용의 탁월한 경영 통찰

삼성, SK 등 주요 기업의 경영자문교수로 활발하게 활동한 서울대 송재용 교수는 시장과 경영의 패러다임이 어떻게 이동하고 있으며, 이런 패러다임의 변화 속에서 한국 기업은 어떻게 해야 초일류로 거듭날 수 있을지 그 해법을 제시한다.

이 시대 최고의 경영 대가들이 강력히 추천하는 책

## 똑바로 일하라

제이슨 프라이드 · 데이비드 하이네마이어 핸슨 지음 / 값 14,000원

### 매일 야근만 하는 바보들을 위한 혁신적인 일의 기술

"대체 언제까지 그렇게 미련하게 일할 것인가?"라고 우리를 다그치며 세상은 이렇게 변했는데 왜 일하는 방식은 변하지 않았느냐고 우리에게 반문하는 책. 미련하게 일하고 있는 우리에게 저자들은 불손하고, 발칙한 자신들의 성공 법칙을 들려준다.

이 책을 무시하면 위험해진다! _세스고딘

## 스토리를 팔아라

김창국 지음 / 값 13,000원

### 100년이 지나도 통하는 스토리 세일즈의 힘

"상품을 팔고 싶다면 고객을 위한 대본을 준비하라!" 사람들은 저자를 '보험업계의 탁월한 이야기꾼'이라고 말한다. 스스로도 자신을 세일즈맨이 아닌 '스토리텔러'라고 말하는 그는 스토리를 통해 성공을 거듭해온 노하우를 낱낱이 공개했다. 세일즈에 힘들어하는, 성공에 목말라하는 직장인에게 효과적인 지침서가 되어줄 것이다.

21세기북스

## 2011 베스트 창업 아이템 100

한국창업전략연구소 지음 / 값 18,000원

베이비붐세대, 제2의 인생을 성공으로 이끄는 로드맵

검증된 데이터를 통한 과학적이고 체계적인 분석! 창업자의 성향과 상황에 맞는 적절한 아이템 선정 툴을 제시한다! 비장한 마음으로 제2의 인생을 준비하지만 시작부터 막막함이 앞서는 초보창업자들을 위해 한국의 대표적인 창업 프랜차이즈 컨설팅 기업인 한국창업전략연구소가 그 해답을 제시해준다.

## 상상에 빠진 인문학 시리즈

**상상 한계를 거부하는 발칙한 도전** 임정택 지음

**몸 멈출 수 없는 상상의 유혹** 허정아 지음

**지도 세상을 읽는 세상의 프레임** 송규봉 지음 / 각 권 값 13,000원

모두가 상상하는 시대, 상상력 DNA를 키워라!
상상력 노마드들을 위한 지적 안내서

## 대한민국 대표 경영학 강의 시리즈

**영업은 기획이다** 진병운 지음 / 값 14,000원

**미래형 리더의 조건** 백기복 지음 / 값 15,000원

**재무관리 전략** 박종원 지음 / 값 16,500원

**글로벌 경영전략** 박영렬 지음 / 값 15,000원

**B2B마케팅** 한상린 지음 / 값 16,000원

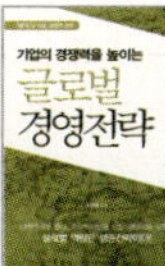

분야별 최고의 전문가가 펴낸
최고의 콘텐츠

21세기북스 트위터 @21cbook 블로그 b.book21.com 전화 031-955-2153 홈페이지 www.book21.com

## 21세기북스

### 수수께끼 풀이는 저녁식사 후에

히가시가와 도쿠야 지음 / 값 12,500원

**2011 서점대상 1위 베스트셀러, 출간 직후 150만 부 돌파!**

재벌 2세 여형사 & 까칠한 독설 집사, 본격 미스터리에 도전하다!
"이렇게 짜증나는 집사는 처음본다. 그런데 재미있다!"

유머러스한 본격 미스터리로 정평이 나 있는 저자의 진가가 발휘된 작품으로, 특히 개성 있는 등장인물이 매력적이다. 추리도 유머도 수준이 높다. _아사히 신문

### 나가사키

에릭 파이 지음 / 값 10,000원

**2010년 아카데미 프랑세즈 소설 대상 수상작**

타인의 집에 숨어 살아야만 했던 한 여성의 놀라운 고백. 2008년, 아사히 신문을 비롯한 여러 신문에 보도되었던 실제 사건을 바탕으로 한 이 작품은 집주인 몰래 사용하지 않는 이불 벽장 속에 숨어 산 한 일본 여인의 이야기를 담고 있다. 작가는 집주인과 주거 침입자 각각의 시점을 통해 하나의 이야기를 다각도에서 조명한다.

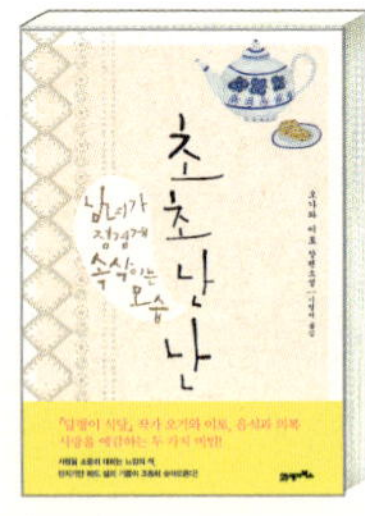


### 초초난난

오가와 이토 지음 / 값 13,500원

**『달팽이 식당』의 저자 오가와 이토의 두 번째 장편소설**

"맛있는 것을 같이 먹고 싶은 사람이 있습니다."
앤티크 기모노 가게를 배경으로 평범한 일상 속에서 자라나는 사랑의 감정을 그려내며 음식에 담긴 '영혼 치유의 힘'을 섬세한 문체로 표현했다.

### 빛과 물질에 관한 이론

앤드루 포터 지음 / 값 12,500원

**끊임없이 떠오르는 그날의 기억, 지워지지 않는 순간의 이야기**

누구에게든 하나쯤 있기 마련인 '지워지지 않는 어떤 순간'을 회상하고, 시간이 지난 다음에도 그 기억에 아파하며 살아가는 이들의 이야기들을 편안한 언어로 그려냈다. 상처나 아픔으로 남은 기억이라고 해도 그 역시 지금의 자신을 있게 한 소중한 과거 중의 하나라는 사실을 이야기한다.

21세기북스

## 우리 아이 상상에 빠지다

EBS 다큐프라임 〈상상에 빠지다〉 제작팀 지음 / 값 14,000원

### 방영 후 폭발적인 화제를 모았던 EBS 다큐 프라임

내 아이의 미래를 바꾸는 상상 교육 바이블. 내 아이에게 딱 맞는 상상력 키우기 전략을 통해 아이의 생각하는 힘을 길러주자! 이 책은 세계적으로 인정받고 있는 상상력 학교의 교육 프로그램과 상상력이 풍부한 영재들의 특성을 살펴보면서, 상상력을 기르는 구체적인 전략 7가지를 소개한다.

---

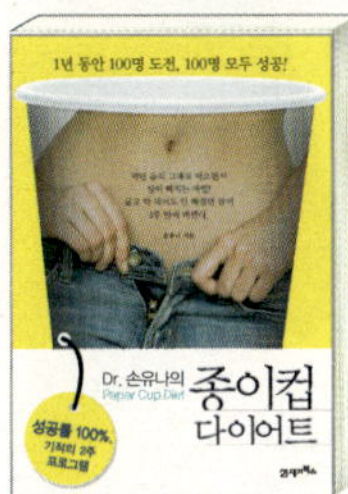


## 종이컵 다이어트

손유나 지음 / 값 12,000원

### 1년 동안 100명 도전, 100명 모두 성공!

입소문으로 인정받은 기적의 다이어트 법 대 공개. 밥 1컵, 채소 1컵, 단백질 0.5컵으로 끝내는 종이컵 다이어트! 칼로리 계산도, 운동도 필요없는 종이컵 다이어트 2주 프로그램으로, 요요현상 없는 기적의 살빼기를 시작하라.

---

## 세시봉 이야기

김종철 지음 / 값 15,000원

### 세시봉 '대학생의 밤' '명사와의 대화' 기획자 김종철이 들려주는 음악 + 낭만 + 우정 이야기

그립지만 돌아갈 수 없어서 더욱 그리워할 뿐이다. 음악 다방 세시봉의 문을 열고 들어서자마자 폭풍처럼 휘몰아치던 음악의 선율. 그곳은 청춘의 광장이자 성지이자 대중스타들을 대거 배출한 산실이었다!

---

창의적인 지식과 지혜의 보고인 '문화의 바다로' 풍덩!

## 문화의 바다로 시리즈

김종철 지음 / 각 권 값 16,000원

당신의 종교는 옳은가
교육인가 사육인가
글쓰기가 삶을 바꾼다
음악, 삶의 소리를 듣다
영화, 삶의 풍경을 찍다

---

21세기북스 트위터 @21cbook 블로그 b.book21.com 전화 031-955-2153 홈페이지 www.book21.com

2011년 5월 15일 발행

# PART 1

# 멜트다운, 금융 자본주의의 어두운 그림자

## 미국과 유럽의 불가사의한 속셈

2011년 1월 6일, 미 연방의회 의원들에게 전달된 어느 편지에 대해 보도한 워싱턴 발 기사가 전 세계를 공포로 몰아넣었다.[1]

> 만약 의회가 재정 적자 허용 한도 증액에 동의하지 않으면 미국은 수십 년 동안 파국으로 치닫게 될 것이다.

마치 어린아이가 장난삼아 보내는 '행운의 편지'와도 같은 내용이었다. 그러나 편지를 보낸 사람은 오바마 정부의 재정을 담당하고 있는 재무부 장관 티모시 가이스너Timothy Geithner였다.

미국은 거액의 부채를 안고 있으면서 그것을 숨기지도 않고 오만하게 행동하고 있었다. 그에 대해 유일하게 의회가 제동을 걸었다.

당시 백악관은 '차입을 해야 하므로 부채 한도를 증액해 달라'고 연방의회에 요청했다. 만일 의회가 그 같은 요청을 받아들여 승인한다면 아무 일도 일어나지 않겠지만, 반대로 어떤 이유로든 거절한다면 사태는 심각하다.

왜냐하면 신규로 발행하는 국채를 가지고 충당해야 하는 부분이 예전 부채(기 발행 채권)의 상환이기 때문이다. 다시 말해서 연속적으로 국채를 발행하지 않는 한 영원히 적자를 보전하지 못하므로, 결국에는 말 그대로 적자 운영을 감내하지 못하고 자폭한다는 것이다.

여기서 말하는 부채 한도는 2011년 1월 당시 14조 3000만 달러였다. 그러나 재정 적자 증가 추세가 심상치 않아 2011년 3월 말을 기점으로 이미 한도를 초과했다.

그같은 심각한 시기가 도래하면 과연 어떻게 될까? 개인과 마찬가지로, 국가도 빚을 충당하지 못할 때 세 가지 방안을 고려할 수 있다.

첫째는 '상환 기한을 연기해 달라'고 부탁하는 것, 둘째는 '이자만은 생각하지 말라(이자 탕감)'는 것, 그리고 셋째는 가장 과격하게 '전액을 지불하지 않는다(전액 탕감)'는 것이다. 그리고 국가가 위 세 가지 사항을 당당하게 선언하는 것을 채무불이행, 즉 디폴트default 선언이라고 한다.

가이스너 재무부 장관이 말하는 파국이란 다름 아닌 미국의 디폴트를 의미하고 있었다. 초강대국 미국이 드디어 스스로 파산을 선언하게 될 것이라는 말이다.

하지만 당시 시장은 이상하게도 차분했다. 왜냐하면 이솝우화에 나오는 '양치기 소년'처럼 가이스너 재무부 장관은 그와 똑같은 편지를 약 1년 반 전인 2009년 8월에도 연방의회 의원들에게 전달한 적이 있었기 때문이다.

"그때는 한여름인데도 큰 소동이 벌어졌다. 그러나 태산이 떠나갈 듯 요란하더니 겨우 쥐 한 마리 튀어나온 것처럼 결국 아무 일도 발생하지 않았다. 이번에도 반드시 그럴 것이다." 모두 그렇게 생각하는 듯했다.

하지만 그 이전에 석연치 않은 조짐이 분명히 있었다. 오히려 유럽 각국이 파국 직전에 이르렀던 것이다. 구체적으로 말하자면, 2009년 11월 말 아랍에미리트연합의 두바이 정부가 국영 지주회사인 두바이월드의 채무 상환 유예를 발표해 이른바 '두바이 쇼크'가 발생했다.

그에 따라 유럽의 공통 화폐인 유로화가 폭락했다. 그 후에도 2010년 5월 그리스의 채무불이행이 가시화되면서 이른바 '그리스 쇼크'가 발생해 유럽 전체가 오랫동안 크게 휘청거렸다.

그러나 미국에서는 이번에도 역시 아무 일도 일어나지 않았다. 물론 "저런, 또 디폴트야?"라며 소동이 벌어져 금융 시장이 흔들린 것은 사실이다. 하지만 결과적으로 야당인 공화당이라 한들 오바마 행정부를 향해 디폴트 방아쇠를 당길 만큼 배짱이 두둑하지는 않았다. 다시 허용 한도가 증액되어 세계는 아무 일도 없었던 듯 평온함을 되찾았다.

얼핏 보면 금융 시장에서 반복해서 발생하는 일상적인 사건과도

같았다. 그러나 도쿄의 구니타치시에 있는 연구소에서 날마다 그 양상을 체크하는 동안, 한 가지 의문이 서서히 나의 뇌리를 스치기 시작했다.

'과연 그들의 의도는 무엇일까?'

여기에서 말하는 '그들'이란 미국과 유럽을 가리킨다. 얼핏 보면 두 세력은 분명히 이런저런 문제 때문에 싸움을 하고 있는 것처럼 보이기도 한다. 그러나 우리는 지금 그들이 진정으로 원하는 게 무엇인지를 냉정하게 살펴봐야 한다. 나무를 보고 숲은 보지 않는 게 아니라, 숲만 보고 나무는 보지 말자는 것이다.

그러면 한 가지 분명한 사실을 깨닫게 될 것이다. 미국과 유럽은 지금 똑같은 행보를 걷고 있다. 그들의 진정한 의도는 동아시아 국가에 거액의 부채를 떠넘겨 결과적으로 이들 국가의 부를 계속해서 자국으로 흡수하려는 것이다.

이를 이해하기 위해 좀 더 구체적으로 살펴보기로 하자. 2011년 1월 기준으로 동아시아 국가들이 무리하게 매입한 미 국채 금액을 살펴보면 다음과 같다.[2]

중국 1조 1601억 달러

일본 8823억 달러

홍콩 1342억 달러

대만 1551억 달러

한국 362억 달러

*일본은 2011년 3월 한 달간 176억 달러를 순매수해 총 9079억 달러를 보유 중이다.

위 합계액인 2만 3679억 달러를 발행 총액인 4만 4396억 달러로 나누면, 전체 발행 금액의 약 53퍼센트를 차지한다. 즉, 미국 부채의 무려 절반 이상을 동아시아 국가들이 점하고 있다는 사실을 알 수 있다.

하지만 조금이라도 국제 금융에 관심을 갖고 있는 사람이라면 이 정도는 자주 듣는 이야기이므로 그리 놀랄 일이 아닐지도 모른다. 그러나 지구 반대편에 있는 유럽 측이 디폴트 리스크로 동요하고 있다는 사실을 보면 상황은 분명 바뀌고 있다.

앞에서도 언급했듯이 지금부터 약 2년 전인 2009년 여름, 갑자기 미국 측에서 자신들이 디폴트 상태에 빠졌다고 큰 소동을 일으켰다. 물론 그런 일은 있을 수 없지만, 만의 하나라는 가능성은 존재한다. 예를 들면 중국은 이전부터 몹시 애지중지하는 외환을 달러화뿐만 아니라 유로화로도 보유하고 있다.

그런데 이번에는 유로화를 책임지고 관리해야 할 유럽 측이 잇달아 디폴트 소동을 일으키고 있다. 2010년 5월 그리스, 2010 12월 아일랜드, 2011년 1월에는 포르투갈이 흔들리는 등 채무 규모에 차이가 있어서 완전한 국가 파산 상태에 이르지는 않겠지만, 서서히 도미노 현상을 일으키는 사태로까지 확산되고 있다.

원래대로라면 이런 사태에 대해서는 '자기 일은 자기가 알아서 해결해야 한다'는 입장이 정상이다. 빚을 진 사람이 자기 동네(이 경우는 주변 유럽 각국이나 EU)에서 빌려서라도 직접 돈을 갚아야 한다는 것이 상식이기 때문이다.

그런데 유럽이 이상하게도 그렇게 하지 않고 있다는 게 문제다.

분명히 2010년 12월 브뤼셀에서 열린 유럽이사회에서 예기치 못한 사태에 대비해 유럽통화기금European Monetary Fund의 기능을 수행하기로 결정했다.[3] 그러나 그것은 어디까지나 2013년부터 적용하기로 되어 있다.

그렇기 때문에 만약 그동안 예기치 못한 사태가 발생한다면 가까운 주도국들이 대신해서 빚을 지불해야 한다. 그런데 독일 측이 단호하게 거부하면서, 디폴트 도미노가 발생해도 EU로서는 해결할 능력이 없었다. 자금이 부족하여 즉시 자금을 지원할 수 없는 상황이 계속되고 있는 것이다.

그 후로도 디폴트 도미노는 계속해서 진행되었다. 상황이 그렇게 된 이상, 누군가가 그 채무를 해결해야 한다. 그래서 어쩔 수 없이 전면에 나선 나라가 중국과 일본이었다.

먼저 중국이 2010년 가을 무렵부터 문제가 되고 있는 유럽 각국의 디폴트 소동에 대해 지원할 의사가 있음을 표명했다. 이를 시작으로 유럽 어느 나라가 위기에 봉착하면 중국이 즉시 지원에 나서 사태를 수습한다는 이해할 수 없는 패턴이 형성되었다.

그리고 2011년 1월, 이번에는 포르투갈이 디폴트 상태에 빠졌다. 그러자 일본까지도 지원의 뜻을 표명했다. 2010년 1월 10일 파리에서 개최된 G20 라운드테이블에 참석한 다마키 린타로玉木林太郎 일본 재무성 차관이 기자단과 인터뷰를 했다. 그 자리에서 차관이 "일본도 EU 각국이 발행하는 국채를 매입할 의사가 있다."고 발언한 것이다.[4] 이에 따라 유로화는 다시 상승했고, 그해 1월 12일부터 판매하기 시작한 대량의 포르투갈 국채도 순조롭게 응찰되어 무사히 마무리되었다.

'무사히 마무리되었으니 다 된 것 아닌가? 중국이든, 일본이든 책임 있는 국가로서 해야 할 일을 한 것이니 아무 문제없다'고 생각할 수도 있다. 그렇지만 이쯤에서 한번 곰곰이 생각해보기 바란다.

한쪽에는 부채에 짓눌린 미국이 있다. 그런데 그 부채의 절반은 동아시아 국가들이 떠안고 있다. 그리고 다른 한쪽에는 언제 끝날지도 모를 디폴트 소동을 끊임없이 일으키면서 도무지 수습하려들지 않는 유럽이 있다. 그 부채 역시 일본과 중국이 아무 말 없이 처리해주고 있다.

빚을 진 자는 나 몰라라 하고 있고, 바다 건너편 멀리 떨어져 있는 동아시아 국가들이 묵묵히 그 빚을 대신해서 짊어지고 있는 것이다. 이 얼마나 불가사의한 일인가. 도대체 왜 이런 일이 벌어지고 있는 것일까?

## 동아시아에 몰려드는 거품 경제의 서막

동양 속담에 '나무만 보고 숲은 보지 않는다'는 말이 있다. 모두가 알다시피 부분에 집착한 나머지 전체를 파악하지 못한다는 의미다. 평소 우리는 자신의 주변에만 관심을 두기 마련이다.

예컨대 범세계적인 일을 하고 있다고 큰소리치는 사람들조차도 자신의 행동반경 1.5미터 범위 내에서 일어나는 일에만 집착하게 된다고 한다. 그럴 수밖에 없는 게 세상 모든 일에 신경을 곤두세우는 것은 불가능하기 때문이다.

게다가 가장 성가신 것은 보이지 않는 세계에서 일어나는 사건에 얽힐 때다. 이때 보이지 않는 세계라고 해서 무조건 정신적인 세계를 의미하는 것은 아니다.

보이지 않는 세계의 첫 번째 유형은 자금, 즉 돈의 세계다. 실물

경제에서는 사건이든, 원재료든, 제품이든 상품이 눈앞에서 움직이고 있으므로 우리는 그것들을 실제로 인식할 수 있다.

그런데 자금의 세계, 즉 금융의 세계에서는 사정이 다르다. 원래는 실물 경제가 움직이듯이 금융(자금) 또한 사람 몸의 혈액처럼 항상 움직이고 있지만 그것은 좀처럼 눈에 보이지 않아 확인할 길이 드물다. 그런 만큼 구체적으로 드러나지 않는 이 자금의 흐름에 대해서는 공부를 하지 않으면 좀처럼 알 수가 없다. 그래서 사람들은 아예 생각하지 않으려고 한다.

보이지 않는 세계의 두 번째 유형은 역사의 세계다. 역사라고 해서 아주 먼 옛일을 말하는 게 아니다. 인터넷이 활성화되기 전과 활성화된 후 우리들의 인식은 크게 바뀌고 있다. 이런 현상을 가속화하고 있는 것은 바로 미국이 전 세계에 보급하고 있는 검색 사이트다. 인터넷이 활성화되면서 우리는 모르는 게 생기면 즉시 검색을 시작한다.

이때 두 개의 서로 다른 검색 사이트를 이용해 동일한 단어를 한번 검색해보자. 각각 사용하고 있는 알고리즘이 전혀 다르기 때문에 검색 결과 또한 매우 다르게 나타난다는 사실을 쉽게 알 수 있을 것이다.

그러나 실은 누구나 알고 있는 이런 문제보다 더욱 근원적인 문제가 있다. 전 세계가 인터넷을 보편적으로 이용하기 시작한 때는 마이크로소프트의 '윈도우즈95'라는 편리한 운영 시스템이 등장하면서부터다.

그리고 이 시스템의 등장은 1995년을 경계로 그 이후에 발생한 사건들이 인터넷상에 빈번하게 입력되고 있다는 것을 뜻한다. 홈페이지와 같은 단방향 커뮤니케이션이 아니라 이용자도 입력을 할 수 있는 소위 '웹2.0'이 등장함으로써 이런 경향은 결정적으로 가속화되었다.

하지만 이런 전개 양상의 이면에는 우리가 반드시 인지해야 하는 사실이 숨어 있다. 1995년 이전에 발생한 사건들은 사람들에 의해 실시간으로 인터넷에 입력되지 않고 있다는 사실이다.

물론 인터넷상에는 1995년보다 훨씬 이전에 발생한 사건들도 많이 입력되어 있다. 그러나 그 수는 1995년 이후 것들에 비하면 까마득하게 적다.

게다가 누군가가 엉뚱하게도 검색 사이트에 1995년 이전의 근거 없는 내용을 입력했다고 하자. 오랜 시간을 거쳐 겨우 찾아낸 그 하나의 기록만이 세상의, 또는 인터넷상의 유일한 것으로 존재할 수도 있다. 그렇게 되면 당연히 인터넷상의 내용이 사실인지, 아니면 누군가가 의도적으로 사실과 다르게 입력한 것인지를 판단하기조차 어렵다.

그러면 독자들은 이렇게 말할 수도 있을 것이다. "뭘 그렇게 걱정하지? 인터넷이 우리 생활의 전부를 차지하고 있는 것도 아닌데. 게다가 우리 머릿속에는 '기억'이라는 훌륭한 장치가 있지 않은가. 그게 있는 한 인터넷에 뭐가 기록되어 있든, 기록되어 있지 않든 그게 무슨 상관이란 말인가."

그러면 여기서 시험 삼아 '헤이세이平成 거품 경제'라는 단어를 사이트에서 검색해보기로 하자. 문제의 소재를 분명히 알고 있으므로 그와 관련한 '이미지'를 검색한다.

그러면 놀랍게도 그 유명한 구글에서조차 1990년 전후의 '헤이세이 거품 경제' 시대의 상황을 묘사한 이미지는 거의 나타나지 않는다.

물론 지금 일본 사회의 최전방에서 활동하고 있는 30~40대 정도라면 학창 시절 직전에 그 시기를 경험했기 때문에 분명히 기억하고 있을 것이다. 그러나 놀랍게도 조금 어린 청소년들에게 물어보면 그들은 반드시 다음과 같이 대답할 것이다.

"헤이세이 거품 경제? 그게 뭐에요?"

"우리는 헤이세이 거품 경제 때 태어났다고요. 모르는 게 당연하죠."

2007년 무렵 상영되어 화제를 불러일으킨 영화 가운데 〈버블로 고! 타임머신은 드럼 방식〉이 있다. 주인공인 마유미 역할을 맡은 여배우 히로스에 료코가 엉뚱한 일을 계기로 어머니 역할을 맡은 여배우 야쿠시마루 히로코와 함께 1990년 3월 드럼세탁기형 타임머신을 타고 과거의 일본으로 돌아간다. 그래서 헤이세이 거품 경제 붕괴와 그 후의 잃어버린 10년, 아니 20년의 원인이 된 당시 일본 재무성의 부동산 대출 규제를 가까스로 저지한다는 내용이다.

영화 속 과거에서 다섯 살로 설정된 주인공 마유미가 거품 경제에 대한 기억을 전혀 가지고 있지 않은 것으로 묘사된 점은 매우 흥미롭다. 마유미는 '휴대전화'조차 사용할 수 없다는 사실을 모른 채 과거로 돌아간다. 그녀는 우연히 알게 된 학생에게 이끌려 크루저 선상 파티에 참석한다. 그리고는 샴페인이 가득 담긴 잔을 한쪽 손에 들고 이렇게 외친다. "거품 경제 최고!"

이 책을 쓰고 있을 당시, 예전에 어느 출판사 편집자가 선물한 이 영화의 DVD를 오래간만에 보았다. 영화를 볼 때는 우스꽝스러운 장면들이 많아 깔깔거리며 정신없이 봤는데, 다시 돌이켜보면 참 무서운 현실이었다는 생각이 든다. 거품 경제라는 현실은 보이지 않는 자금의 세계에서 일어나는 사건이다. 게다가 인터넷이라고 하는 또 하나의 보이지 않는 수단에 의해 쉽게 잊혀졌다. 그리고 지금 일본에서는 그저 과거로만 치부되는 헤이세이 거품 경제를 모르는 세대들이 무럭무럭 자라고 있다.

어느 정도 나이가 든 일본인이라면 당연한 것처럼 여기는 사실을 여기서 다시 언급하는 데는 이유가 있다. 만성적인 디플레이션이라고 손가락질을 당하고 있는 일본 시장에서 벗어나 밖으로 조금만 시선을 돌리면, 거기에는 예전의 헤이세이 거품 경제와 유사한 광경이 널려 있기 때문이다.

한국, 중국, 대만 등과 같은 동아시아 국가들을 보면, 2008년 가을에 발생한 글로벌 금융위기가 지나간 후 경제가 모두 회복된 것처럼 보인다.

그 대표적인 예로 중국을 들 수 있다. 2007년 베이징 올림픽, 2010년 상하이 엑스포, 나아가 그 후의 내수확대정책 아래서 부풀어 오른 거품 경제는 중국의 경제를 윤택하게 했다. 그 옛날 찢어지게 가난했던 문화대혁명 시절과는 달리 지금은 남아도는 자금이 갈 곳을 찾느라 애를 먹을 정도다.

한 예로 다이아몬드를 들 수 있다. 벨기에산 연마용 다이아몬드 판매 금액을 보면 중국이 7억 3700만 달러를 기록했는데, 이는 미국의 6억 9500만 달러를 훨씬 웃도는 금액이다.[5] 반짝이는 다이아몬드 속으로 서서히 파묻혀 가는 중국의 실상을 보여주는 수치다.

성난 파도처럼 몰려드는 차이나머니가 가장 뚜렷하게 집중되는 곳은 미술품 시장이다. 이 분야에서는 미국과 영국의 시장 점유율이 현저하게 감소하고 있는 가운데 그 자리를 중국이 대신하며 강력하게 위세를 떨치고 있다.

2009년 거래 실적을 보면 미국이 전체 거래 금액의 27.9퍼센트, 영국이 21.3퍼센트를 차지했고, 그 뒤를 이어 중국이 17.4퍼센트로 크게 증가한 수치를 보였다. 이 수치는 전통 있는 프랑스의 시장 점유율 13.9퍼센트를 훨씬 웃도는 수치다.

이처럼 중국을 대표하는 미술품 시장은 베이징에 있는 '따산즈大山子 798 예술촌'이다. 물론 중국의 미술품 시장도 세계적인 금융 멜트다운과 무관하지 않다. 예를 들면 같은 지역의 경우 2008년 말 50개 이상의 점포가 문을 닫았다고 한다. 그럼에도 불구하고 여전히 현대미술을 중심으로 활발한 거래가 이뤄지고 있는 것만은 사실이다.

이런 상황이 지속되고 있기는 하지만 전문가들 사이에서는 거품을 우려하는 목소리가 갈수록 커지고 있다. 소더비즈Sotheby's와 크리스티즈Christie's가 뉴욕에서 개최하는 중국 미술품 경매에는 매번 중국 측 입찰자들이 우르르 몰려든다. 그리고는 원래 경매를 시작할 때 사전에 제시되는 낙찰 예상가를 크게 웃도는 가장 높은 가격으로 태연하게 낙찰되는 사례가 잇따르고 있다. 예를 들면 15~20만 달러로 예상되는 낙찰가에 230만 달러라는 엄청난 가격을 제시하는 것이다.

미국 측과의 매매에서 수익을 올리지 못해 부진을 거듭하던 경매회사들이 이 같은 상황을 고려해 중국 측을 주시하는 것도 당연한 현상이다. 예를 들면 2010년 3월 뉴욕에서 개최한 '뉴욕 아시아위크' 경매 현장에서 크리스티즈의 중국 미술 부문이 이틀 동안 4047만 7000달러를 판매해 시장 점유율이 73퍼센트까지 이르렀다고 한다.

사람이 만든 물건을 사람이 평가하는 미술품 시장은 때때로 연금술의 현장이 된다. 한 국제미술품 경매 담당자의 말처럼 "중국 측은 곧잘 중국계 예술가가 만든 작품을 구매하는 경향이 있다."는 이야기를 들을 때면 문득 떠오르는 사건이 있다. 화려했던 헤이세이 거품 경제가 꺼진 후 드러난 '대장성(현 재무성) 접대 사건'의 전말이 바로 그것이다.

사건의 당사자는 당시 유명한 기업인이 보낸 그림에 대해 국회로부터 엄격한 추궁을 받자 다음과 같이 변명했다. 다음 내용은 1998년 3월 19일 중의원 예산위원회 제2분과회에서 오쿠이 요지涌井洋治 대장성의 당시 예산편성국장이 답변한 내용을 발췌한 것이다.

"아마 샤갈의 판화라고 기억합니다. 그것을 받은 후 잠시 걸어뒀지만 모두들 어쩐지 유치한 그림이라고 하면서 이상하다고 했습니다. 그래서 상자에 담아 창고에 뒀다가 그대로 돌려주었습니다. 그런데 이전에 주의 처분을 받았을 때도 샤갈의 판화 때문이었다는 생각을 하기는 했지만 대수롭지 않게 여기고 그대로 뒀습니다. 그리고 피카소 그림이 1억 엔 가량 된다는 이야기를 듣고 저는 확인을 해야 한다고 생각했습니다. 하지만 그게 어디로 갔는지도 몰랐습니다. 그런데 마침 의원님(호사카 노부토 의원)에게 그게 검찰 측에 있다고 듣게된 것입니다. 피카소 그림이 1억 엔이라고 하는 유언비어를 잠재울만한 수단과 방법이 없었기 때문에 한때는 그런 말을 하는 사람을 기소해 그것을 증거물로 제시할까도 생각했습니다. 그런데 국회에서 어떤 형태로든 감정을 해줘 어떤 의미에서는 매우 기쁩니다."

그 무렵 일본에서는 대장성이 언론의 흥미진진한 단골 기사로 다뤄졌다. 지금이야 과거 한때의 추억으로나 남아 있는 요상한 술집에서 이뤄지던 향응접대가 대장성 관료를 표적으로 삼았던 사실이 드러났기 때문이었다. 그러나 거품 경제는 붕괴되었다. 그리고 남겨진 것은 엘리트 중의 엘리트라고 자만하다 결국 추락하고만 그들의 추악한 행태뿐이었다.

## 쫓는 자와 쫓기는 자, 세계 경제의 대립 구도

본론으로 다시 돌아가자. 분명히 일본은 물론 한국이나 대만의 현 경제 상황에 대해서 무조건 거품이라고 단정할 수는 없다. 이 같은 점을 고려한다면, 이들 국가와 그 주변의 다른 동아시아 국가들을 모두 동일하게 취급하는 것은 옳지 않다.

하지만 여러분은 '나무만 보고 숲은 보지 않는다'는 말에 반드시 주목하기 바란다. 중국이나 대만의 국민이나 국가의 틀에서 벗어나 좀 더 폭넓은 화교 네트워크 중심의 경제권과, 한국과 일본의 경제권을 합한 전체를 '아시아 경제권'으로 파악해보자. 그러면 과연 어떤 형태가 나타날까?

〈그림 1〉을 보면 알 수 있듯이 아시아 경제권은 미국을 중심으로 하는 달러 경제권, 그리고 유럽을 중심으로 하는 유로 경제권과 국

**그림 1** 달러 경제권·유로 경제권과 어깨를 나란히 하는 아시아 경제권

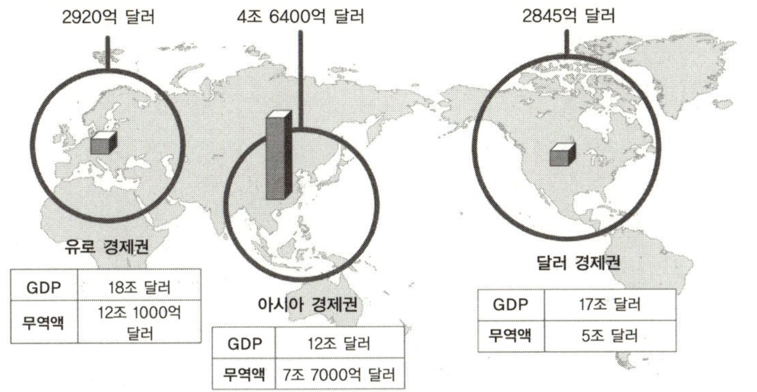


*아시아 경제권은 아세안 및 한국·중국·일본, 달러 경제권은 미국·캐나다·멕시코
*GDP 및 무역액은 2009년 수치
*외환 보유고는 2010년 7월 수치. 단 미얀마는 2007년 6월, 라오스는 2009년 12월, 베트남은 2010년 3월, 중국과 브루나이는 2010년 6월 수치

자료 출처 : 국제통화기금(IMF)

출처 : 재무성

내총생산인 GDP 등에서 어깨를 나란히 하고 있다. 그것만으로도 놀라운 일이지만, 사실은 또 하나 주목해야 할 중요한 사항이 있다.

무역 등을 통해 벌어들인 외화가 비축된 양, 즉 외환 보유고다. 이 수치를 보면 아시아 경제권이 총 4조 6400억 달러인데 비해 달러 경제권은 2845억 달러, 유로 경제권은 2920억 달러에 불과하다는 사실을 알 수 있다.

결론적으로 말하자면 지금 아시아 경제권은 달러 경제권과 유로 경제권보다 각각 열여섯 배가량 많은 외화를 보유하고 있는 셈이다. 게다가 그 외화는 지속적으로 늘어나기만 하지 조금도 줄어들 조짐

을 보이지 않고 있다.

'뭔가에 홀린 듯이 자꾸 유입되고는 있지만, 거기서 전혀 유출될 조짐이 없는 돈'을 의미하는 단어인 'Hoard'라는 말이 있다. 사전적 의미로는 '축적' 또는 '사재기'를 뜻한다. 아시아 경제권에 축적된 외화는 다른 경제권에 거주하는 사람들의 눈에는 그야말로 쌓여 있는 뭉칫돈일 뿐이다.

게다가 문제를 더욱 복잡하게 만드는 요인이 하나 더 있다. 원래 돈이 전혀 없었던 상태에서 아시아 경제권 사람들이 열심히 일해서 그만큼 부가 축적되었다면 이야기는 간단하다.

그렇지만 아무래도 상황은 그렇지 않은 듯하다. 왜냐하면 돈은 처음부터 아시아 경제권, 특히 동아시아에 모여 있었고, 이것이 오랜 세월을 지나 유턴하고 있기 때문이다. 이에 대해 조사한 하라 요스케原洋介의 《개정판 아시아 경제론》을 보면 다음과 같은 내용이 기술되어 있다.

> 1820년 무렵에는 일본, 중국, 조선, 인도 그리고 동남아시아로 구성된 아시아가 세계 총소득의 58퍼센트를 차지했다. 그러다가 18세기 중반(1760~1830년경) 유럽에서 산업혁명이 일어나고, 20세기에 접어들자 미국이 공업화를 이룩했다. 그리하여 1950년에 이르자 서유럽과 영국의 구 식민지(호주, 뉴질랜드, 캐나다, 미국)가 세계 소득의 56퍼센트를 차지할 만큼 성장했다. 그에 비해 아시아의 점유율은 19퍼센트로 하락했다.

그러나 1950년을 기점으로 아시아 각국이 급속한 경제 성장을 이룩함으로써 그야말로 20세기 후반의 현대사가 전개되었다. 그런 고도 성장을 통해 아시아 지역의 총소득이 1992년에는 37퍼센트까지 다시 상승했다. (중략)
(아시아의 고도성장이 앞으로도 지속된다면 2025년 세계 소득에서 차지하는 점유율은 거의 57퍼센트에 이르러 정확히 200년 전으로 회귀한다는 예측마저 나오고 있다.)

앞에서 제시한 수치는 외환 보유고이며, 위에서 제시한 수치는 세계 소득이다. 양자는 물론 일치하지 않을 수 있다. 그러나 이때 '나무를 보고 숲을 보지 않는다'는 격언을 반대로 생각해보자. 다시 말해서 나무가 아닌 숲을 보자는 말이다. 그러면 위 두 수치를 통해 나타나는 무언가가 보일 것이다. 그것은 바로 '아시아 경제권이 돈을 벌어들이고 있고, 부가 계속해서 유입되고 있는' 하나의 큰 그림이다.

물론 이 같은 아시아 경제권의 중심 역할을 하고 있는 나라는 의심할 여지도 없이 한국, 중국, 그리고 일본이라는 삼각구도다. 게다가 이런 사실을 반영이라도 하듯 국제 사회에서 이 삼각구도가 지니는 위상은 꾸준히 높아지고 있다.

그 대표적인 사례가 국제통화기금IMF에서 행사하는 투표권 비율이다. 최근 비율을 보면 미국이 16.5퍼센트인데 비해 삼각구도가 보유하는 비율은 한국이 1.73퍼센트, 일본이 6.14퍼센트, 중국이 6.07퍼센트로 모두 합하면 13.94퍼센트다.

세계 경제에서 통화를 놓고 벌이는 게임 판의 주인이라고 할 수 있는 위치에 있는 당사자는 국제통화기금이다. 그리고 거기서는 투표권을 15퍼센트 이상 보유하면 그 나라는 거부권을 행사할 수 있다.

현 시점에서 거부권을 지니고 있는 나라는 원래 제2차 세계대전 말기에 같은 시스템을 출범시킨 미국뿐이다. 그러나 증자에 증자를 거듭해 한국, 중국, 일본의 삼각구도가 지속적으로 미국을 뒤쫓고 있다. 그야말로 쫓아가는 동아시아, 내빼는 미국이다.

여기서 독자들은 또 한번 발상을 전환해야 한다. 쫓아가는 동아시아가 아니라 쫓기는 미국, 나아가 유럽의 입장에서 이런 상황을 생각해볼 필요가 있다. 이때 그들이 느끼는 감정은 과연 무엇일까? 무관심일까, 아니면 두려움일까?

물론 그렇다고 해서 미국이나 유럽이 자신의 감정을 드러내지는 않을 것이다. 하지만 그들이 지금까지 거듭하고 있는 움직임을 되살펴보면, 그들이 숨기고 있는 정확한 감정을 즉시 알 수 있다. 그들이 느끼는 것은 다름 아닌 두려움이다.

당연히 미국과 유럽은 결코 두려워하는 내색을 하지 않는다. 오히려 두려운 감정을 감춘 채 겉으로는 그렇지 않은 것처럼 행동한다. 그런 행동의 단적인 예가 바로 '무시'다.

2010년 10월 중순, 나는 글로벌 투자금융기관의 선두주자인 시티뱅크City Bank가 뉴욕에서 주최하는, 헤지펀드 및 투자은행 관계자들을 초청해 정보를 교환하는 회의에 참석했다. 여기에서 그들은 이구동성으로 다음과 같이 말했다.

"2011년에 접어들면 선진국AM(Advanced Market)과 신흥국EM(Emerging Market)의 격차가 보다 뚜렷하게 나타난다. 신흥국이 선진국을 훨씬 앞서게 된다." 이른바 'AM 대 EM'의 논의였다.

"분명히 금융 멜트다운은 세계에 엄청난 충격을 주었다. 그러나 그때 나타난 구세주가 있었는데, 바로 EM이었다. EM이 세계를 불황에서 구하고, AM을 대신해 세계를 주도하기 시작했다." 월가에서 회의장으로 달려온 참석자들은 저마다 이렇게 말했다.

다른 한편에서 그들이 제각기 언급한 발언은 불쌍한 일본에 대한 연민의 정이었다.

"일본의 경우 디플레이션이 계속해서 진행될 수밖에 없다. 왜냐하면 저출산과 고령화가 멈추지 않기 때문이다. 지속적으로 증가하는 고령자들은 저축으로 생활하고 있기 때문에 인플레이션을 기대하지 않는다. 그러므로 일본은 하염없이 디플레이션이라는 늪으로 가라앉게 될 것이다. 일본에는 더 이상 미래가 없다."

일찍이 대영제국은 분할 통치를 천명했다. 오늘날 월가에서 그들은 일본과 그 이외의 동아시아 국가들을 'AM 대 EM'이라는 사고의 틀로 분할한다. 일본과 동아시아 국가들을 연계시키지 않기 위해서다.

그러나 거듭 말하지만 누가 뭐라고 하든 아시아 경제권, 특히 한국과 중국, 일본으로 이뤄지는 삼각구도에 전 세계의 국부가 유입되고 있다. 이런 사실은 통계 수치가 조용히, 그러나 뚜렷하게 증명해 보이고 있다. 누구도 부정할 수 없는 사실이다.

게다가 더욱 뚜렷하게 나타나고 있는 현상은 안전보장 또는 군사 분야에서 동아시아 국가들에 대한 미국의 접근 방식이다. 왜냐하면 미국은 동아시아 국가 전체와 상대하려고 하지 않고 어디까지나 개별적으로 대화와 협력을 꾀해왔기 때문이다.

이는 동맹관계를 예로 들면 즉시 알 수 있다. 한국과는 한미 동맹, 일본과는 미일 동맹만 체결할 뿐이지, '한미일 동맹'이라는 식의 동맹관계는 절대 체결하려 하지 않는다. 최근에는 무슨 바람이 불었는지 빈번하게 '한일안보협력'을 강조하고 있다. 그러면서도 3국간에 동맹관계를 체결해야 한다든지, 또는 이것이 당연히 한일 동맹으로 이어지는 게 좋다고는 결코 언급하지 않고 있다.

여기에 중국, 나아가 대만이 포함되면 상황은 더욱 뚜렷해진다. 미국은 어디까지나 중국과 '미중군사교류' 또는 '미중전략경제 대화'라는 식으로 일대일 관계만 체결하고 있을 뿐이다. 물론 이런 관계 체결에 대외적으로 국가로 인정하지 않는 대만이 포함되는 일은 절대 없다.

당연한 것 아니겠는가. 제2차 세계대전 결과, 자연히 그렇게 형성되었기 때문에 거기에 미국의 의도 따위는 없었다.

그러나 곰곰이 생각해보기 바란다. 원래대로라면 제2차 세계대전의 '승전국'은 미국이다. 중국을 포함시키는 게 무리라고는 하지만, 정말 그럴 마음이 있었다면 적어도 한국과 중국, 대만 사이에 동맹관계를 체결한다는 선택도 이뤄졌을 것이다.

그러나 미국은 굳이 그렇게 하지 않았다. 게다가 최근 들어 북한의 핵 문제나 미사일 문제가 표면화되고 있는데도 동아시아 주변국들을 단결시키기는커녕 오히려 문제를 장기화시키는 것 같은 방안마저 내놓고 있다.

그 대표적인 사례가 2003년부터 시작된 북한 문제에 관한 6개국 협의, 즉 6자 회담이다. 이런 종류의 국제회의에서 처음으로 중국을 의장국으로 삼았지만, 그야말로 회의는 겉돌기만 할 뿐 결코 진전되지 않아 지금까지 무려 8년 동안 띄엄띄엄 회담을 개최하고 있다.

되풀이해서 말하지만, 어떤 상대도 제압할 수 있는 힘을 지닌 나라가 미국이다. 그들은 클린턴 행정부 시절(1993~2001)에 검토되었던 군사 작전으로 북한을 완전하게 제압할 수도 있었다. 그런데 굳이 그렇게 하지 않고 친하지도 않은 중국에 휘둘려 그러한 상황을 방치했다. 이런 현상을 보고 '이는 분명 뭔가 있다'고 생각하는 것은 지극히 자연스러운 일이다. 그 결과, 동아시아 문제는 지금까지 전혀 수습되지 않은 채 표류하고 있다.

그렇지만 동아시아 내에서 이러한 문제를 어떻게든 수습하려는 노력을 전혀 하지 않았던 것은 아니다. 그 좋은 사례가 '동아시아 공동체East Asian Community'에 대한 대처였다. 뿐만 아니라 '한중일 정상 및 외무장관 회담'과 같은 노력도 시도하고 있다.

그러나 결론부터 말하자면 이런 것들은 모두 소극적인 태도로 일관하고 있는 미국을 대신해서 동아시아, 특히 한국과 중국, 일본 3개국을 끌어들이는 형태로 단결시키지는 못하고 있다.

먼저 '동아시아 공동체'부터 살펴보자. 사안을 어렵게 만들고 있

는 원인은, 말은 동아시아라고 하지만 그 근원지는 '동남아시아' 국가들이라는 점에 있다.[6]

동아시아 공동체는 1990년 당시 마하티르 모하마드Mahathir bin Mohamad 말레이시아 수상이 제창한 '동아시아경제협의체East Asia Economic Caucus' 구상으로 거슬러 올라간다. 그러나 이는 미국의 반대로 어이없이 좌절되었다.

그 후 1997년에 아시아 통화위기가 발생하자, 동남아시아 국가연합인 아세안ASEAN과 한국과 중국, 일본 사이에 이른바 긴급대책 형식으로 'ASEAN+3 정상회담' 개최가 성사되었다.

그러나 불행하게도 이 국가들은 처음부터 의도하는 바가 달랐다. 일본, 싱가포르, 인도네시아 등은 대미 배려 및 중국의 영향력 확대에 대한 우려 때문에 호주 등 주변 국가의 참여를 제안했다. 그러나 중국과 말레이시아가 이에 반대했다.

결국 전자에 속하는 그룹의 의견이 수용되었지만, 그 때문에 오히려 동아시아 공동체를 둘러싼 논의에 하나의 불씨가 던져지게 되었다. 즉, '동아시아의 지리적 범위가 어디인가?'라는 논쟁이었다.

분명히 유럽 측은 그 옛날 대항해시대에 인도에서 동쪽에 있는 지역을 '동인도'라고 총칭했다. 오늘날의 한국부터 일본, 중국, 그리고 동남아시아에 이르는 범위를 포함하는 말이다.

그러나 이는 처음부터 '인도에서 봤을 때 지리적으로 동쪽에 있는 지역'을 가리키는 셈이어서 그곳을 '동아시아'라고 하기에는 상당한 무리가 있었다. 여기에 대해 화교 네트워크가 영향력을 발휘하고 있는 지역이라고 하면 납득할 수도 있겠지만, 그렇게 되면 민족 국가인 한국과 일본의 존재를 포함시키는 게 어려워진다. 즉, 동아시아를 동남아시아 지역부터 시작한다고 말하면, 이는 끝이 없는 신들의 논의가 되어버리고 마는 것이다.

그렇다 보니 몹시 난감한 관계자들은 여기에 대해 항상 다음과 같이 말한다. 《동아시아 공동체 백서 2010》의 일부를 살펴보자.

> 궁극적인 목표로서 지역주의가 실현되면 당연히 미일 동맹도 지양될 게 분명하지만, 그것을 지금 논의하기에는 매우 시기상조며 현실 감각도 떨어진다. '동아시아 공동체' 구축을 이룩하는 날까지 일본은 미일 동맹을 고수할 필요가 있다. 미일 동맹을 대신하는 '동아시아 안전보장 공동체'와 같은 게 과연 형성될 수 있을까? 그것은 너무나도 불투명한 미래라고 할 수 있다. (일본은 당장 미일 동맹을 외면한 채 중국과 동아시아 공동체를 논의할 수 있는지 현실을 직시해야 한다.)

또다시 "미국, 미국!"을 외치는 합창이다. 내가 근무했던 외무성에서는 이런 종류의 한심한 사고방식을 언급하는 사람들을 현실주의자라고 불렀다. 그런 사람들은 일본 외교관으로서 마땅히 그래야 한다고 항상 무언의 압력을 가하곤 했다.

그러나 거듭 되풀이해서 말하지만 여러분은 부디 나무를 보지 말고 숲을 보기 바란다. 미일 동맹을 외치기는 쉽지만, 그 때문에 일본은 방어에 대한 대가로 미국 측에 엄청나게 많은 것을 지불해왔다.

전쟁이 끝난 뒤 꽤 시간이 흘렀고, 일이 이 지경에 이른 지금이 바로 지불 명세서를 철저하게 점검해야 할 때라고 생각한다. 그리고 이는 마찬가지로 미국과 동맹관계를 체결한 한국에도 적용된다.

그 결과 미국이 우방을 지켜주기는커녕, 결과적으로 상황이 복잡해지는 것을 방치하거나 조장했다는 게 명백해진다면 이야기는 전혀 달라진다. 왜냐하면 미국이 동맹관계를 통해 노리고 있었던 것은 바로 그 같은 매치 펌프match pump(원인을 제공한 사람이 그것에 의해서 생기는 소동으로 이익을 얻는 것)며, 동시에 그 펌프로 퍼내는 국부에 있기 때문이다.

"그깟 돈, 말도 꺼내지 마시오! 일본은 미국이 방어해줬습니다. 그러므로 이의를 제기할 필요가 없어요."

TV 토론에 출연했을 때 일본을 대표하는 보수 정치가인 시오카와 마사주로塩川正十郎 전 대변인이 위와 같은 말로 나를 공격한 적이 있다. 성이 소금강을 뜻하는지라 '소금 영감'이라는 별명으로 불리기도 하는 그 정치인이 나는 진심으로 그렇게 말했다고 생각했다. 그런데 중간 광고로 넘어가자마자 그가 "그렇게 말해야 분위기가 고조됩니다."라고 하면서 크게 웃는 것을 보고 매우 놀랐다.

미국 측은 일본의 정치 토론 프로그램을 샅샅이 주시하고 있으며, 특히 누가 미국에 대해서 뭐라고 말하는지 체크하고 있다는 사실을 알고 있는 상태에서 발언한 말이었다. 그러나 이러한 사실을 전혀 모르는 시청자들은 충분히 "미국이 방어해주고 있으므로 이러쿵저러쿵 토를 달아서는 안 된다. 더욱이 돈에 관해서는 금물이다."라고 받아들일 수 있다.

최근 들어 사태는 더욱 긴박하게 돌아가고 있다. 2010년 말 다음과 같은 기사가 보도되었기 때문이다. 2010년 12월 23일자 아사히신문 인터넷 판을 살펴보자.

> 2010년 12월 22일 공개된 외교문서에서 오키나와沖縄 반환으로 미국이 지불해야 하는 토지 원상 회복비 200만 달러를 일본이 부담한다는 밀약과 관련한 문서를 소각한 흔적을 나타내는 메모가 발견되었다. 소각된 문서의 내용은 분명하지 않지만 관련 문서를 의도적으로 감추려고 한 가능성도 있다.[7]

1972년에 이뤄진 오키나와 반환과 관련해 이전부터 미국과 일본 간에 밀약이 있었다는 정황으로 말미암아 억측이 난무했다. 게다가 그 밀약에는 몇 가지 내용이 담겨 있었는데, 그 중 하나로 미군이 대규모 감축될 때 소요되는 비용이라는 명목으로 터무니없이 많은 돈을 지불했던 사실을 뒷받침하는 밀약이 있었다는 것이다. 그 문서는 소각되어 외부로 공개되지 않았지만, 그 같은 사실을 뒷받침하는 메모가 발견됨으로써 그런 밀약이 있었다는 사실이 밝혀진 셈이다.

이와 관련해 덧붙이자면 그 밀약은 정부 자금으로 지불한다는 내용이었다. 어찌된 영문인지 언론은 외무성을 비난하며 정보 공개를 요구했다. 하지만 국고를 관리하는 곳은 오히려 재무성이다. 재무성

측으로부터 한마디 들었으면 좋으련만, 언론은 전혀 그렇게 하지 않았다.

그러나 재무성 내 고위층 집단과 연결되어 있는 한 사람이 이전에 나에게 알려준 말이 있다.

"오키나와 반환에 즈음해 정부 자금을 미국 측에 지불한 쪽은 당시의 재무성이었다. 그러므로 밀약이 있었는지의 여부도 재무성이 알고 있다. 하지만 밀약은 문서 형식으로 이뤄진 것은 아니었다. 재무성 예산편성국 라인에만 구두 형식으로 전달되었다."

문서인지 구두인지는 문제의 본질이 아니다. 그보다 중요한 것은 예를 들어 미국 측이 아무리 '오키나와 반환'이라는 중요한 문제라고 말해도 결국에는 '돈, 돈, 돈!' 이었다는 사실이다.

그도 그럴 법한 게, 1972년이라고 하면 일본이 한창 고도성장을 구가하던 시기였다. 미국이 '일본으로 부富가 회귀하고 있다'는 두려움을 품었다면, 체면 불구하고 우선 손에 쥐고 있는 물건, 즉 오키나와를 비싸게 처분함으로써 목적을 달성하고자 하는 게 당연한 수순이었을 것이다.

당시 일본인들은 '실(미일 섬유 교섭에서의 타협)로 줄(오키나와)을 샀다'고 했지만, 사실은 그렇지 않았다. 문자 그대로 돈, 즉 국부로 오키나와를 산 것이었다.

## 희토류 문제의 진정한 흑막

다시 일본과 동아시아 국가들의 관계 이야기로 되돌아가보자. 2010년 10월 29일, 베트남 하노이에서 '한중일 정상회담'이 개최되었다. 당시 상황을 전달하는 일본 외무성의 공식 발표에는 다음과 같은 구절이 담겨 있었다.(외무성 HP에서)[8]

> 간 나오토 총리는 희토류rare earth 등의 안정적인 공급 및 무역에 관한 WTO 규약 준수 등을 통해 굳건한 신뢰 관계를 조성하는 게 중요하다는 취지의 발언을 했다. 원자바오 총리는 중국이 과도하게 희토류를 개발해왔으며, 중국이 계속해서 세계에 공급하고 싶지만 지속가능한 발전을 위해 생산과 수출에 있어서 WTO에 위배되지 않는 관리정책을 펼칠 예정이라고 했다. 한편 중국 내에서도 희토류 수요

가 크게 증가하고 있으므로 다른 소비국들과 협력해서 공동 개발 및 대체 자원 개발에 주력하고 싶다는 취지의 발언을 했다.

중국과 일본 사이에는 실로 여러 가지 현안이 산적해 있었다. 그 가운데서도 특히 2010년 일본 측의 고민은 '센카쿠 열도'의 영토 문제를 제외하면 단연 중국의 '희토류' 문제였다.

일반인에게는 생소하기 그지없는 희토류는, 지각 안에 극소량만 함유된 금속을 뜻하는 희유 금속의 일종으로서 17개의 원소로 구성되어 있다. 종류가 17개 원소나 된다지만 워낙 희귀하고 양이 적어서 세분화하는 게 번거로워 희토류라 불렀다는 후문이다. 실제로 희토류란 명칭은 '땅속에 거의 존재하지 않는 물질rare earth elements'이라는 영문명을 일본에서 직역해 만든 말이다.

일반적으로 은백색 또는 회색을 띠는 희토류는 미사일 유도 장치나 휴대전화, 디스플레이, 전기자동차, 광학렌즈, 레이저 등 최첨단 전자제품에 없어서는 안 될 핵심 원료다.

또 풍력발전 터빈 등에 내장되는 영구 자석의 재료이기도 하다. 이는 화학적으로 안정적이면서도 열이나 전류를 잘 전달하는 성질을 갖고 있기 때문이다. 적은 양에도 불구하고 필수불가결하다는 뜻에서 '산업계의 비타민'으로 불리기도 한다.

현재는 중국이 전 세계 생산과 공급량의 97퍼센트(2009년 기준 12만 4000톤)를 점유하고 있다. 그러나 중국의 희토류 매장량은 전 세계 매장량의 30퍼센트 정도에 불과한 것으로 알려져 있다. 상대적으로 느슨한 규제와 값싼 노동력이 사실상 중국이 희토류 공급을 독점 공급하는 배경이 된 것이다.

희토류는 2010년 9월 발생한 중국과 일본 간의 센카쿠 열도 분쟁을 계기로 널리 알려지게 되었다. 사건 당시 일본이 센카쿠 열도에 무단침입한 중국인 선장을 구속하자 중국은 이런 처사에 대응해 희토류 수출 금지로 맞섰다. 그러자 일본이 중국인 선장을 석방하면서 사실상 백기를 들었다.

자동차를 비롯한 다양한 공업제품에 반드시 필요한 원료인 희토류의 최대 공급자인 중국이 일시적이라고는 하지만 사실상 대일 수출 금지 조치를 취하자 그 충격은 대단했다.

"표면상으로는 어찌되었건, 실제로 그 일이 발생하고 나서 처음으로 그룹 전체적으로 확보하고 있는 모든 희유 금속의 양을 확인할 만큼 허둥지둥 대책을 수립했다."

얼마 전 일본을 대표하는 자동차회사의 간부에게서 들은 말이다. 끈끈한 관계까지는 아니더라도 적어도 일본은 중국 측에 대해 커다란 신뢰감을 품고 있었다고 할 수 있다.

"일본 외교는 양국 간 협의를 하면 그럭저럭 강세를 보인다. 그러나 다자간 협의를 하면 전혀 대응하지 못하는 특이한 성질이 있다."

전에 외교관 생활을 할 때 외무성 안에서 자주 듣던 말이다.

일본의 옛 시가집에도 "신이 말하기를, 일본이라는 나라는 입에 올려서 말하지 않는 나라라 그랬건만"이라는 말이 있다. 요컨대 일본인들은 외국인에 비해 말주변이 없다는 뜻이다. 스스로를 서양의 왁자지껄한 외교에 대응하지 못한다고 인정하는 의미인데, 그것이 경제입국으로서 국익과 관련되면 이야기는 전혀 달라진다.

왜 이제 와서 이런 말을 하느냐 하면, 앞서 언급한 희토류 문제의 본질이 바로 여기에 있다고 생각하기 때문이다. 희토류 문제에 관한 언론 보도를 보면, 중국 측의 대응 방식을 두고 야비하다거나 규칙 위반이라고 하는 기사들이 난무했다. 그 기사들을 보면 마치 중국과 일본 두 나라가 싸우고 있는 것처럼 해석된다.

그러나 그 문제를 그런 시각으로 보는 것은 전혀 타당하지 않다. 왜냐하면 진정한 흑막은 다른 곳에 있기 때문이다. 그리고 그 진정한 흑막의 배후에는 또다시 미국이 있다.

이 문제가 요란한 논쟁거리가 되었을 때, 교토대에서 원자력 연구를 하고 있는 나의 절친한 친구가 이메일로 다음과 같은 메시지를 보냈다.

> 하라다 씨, 희토류 문제만을 거론하는 방식에는 분명 문제가 있습니다. 그 문제의 배후에는 미국이 있습니다. 왜 그런지 그 이유를 설명하겠습니다.
>
> 분명히 희토류는 중국에 많이 있습니다. 그러나 중요한 것은 그게 아닙니다. 희토류를 채굴할 때 반드시 함께 채굴되는 게 있습니다. 바로 토륨thorium입니다. 그런데 이 토륨은 지금으로서는 쓸모가 없습니다. 그 때문에 중국을 비롯한 각국은 이것을 그냥 버리고 있습니다. 매일 산더미처럼 많은 양의 토륨을 폐기처분하고 있는 것입니다.

그렇지만 한번 생각해보십시오. 가령 이처럼 날마다 쌓이는 쓰레기 더미가 어느 날 갑자기 보물산으로 변한다면 과연 어떤 생각이 드시겠습니까? 그런 일은 있을 수 없다고 생각할지도 모릅니다. 그러나 사실입니다. 토륨은 스스로 핵분열을 일으키지 않습니다. 재래형 원전 시설에서 이용하고 있는 우라늄과는 완전히 다릅니다.

그런데 토륨을 한번 성냥 축에 비유해봅시다. 그리고 그것에 불을 붙이는 착화제, 즉 성냥의 머리에 해당하는 물질이 첨가된다고 가정해봅시다. 그렇게 되면 토륨은 핵분열을 하기 시작합니다. 그리고 그 성냥 머리에 해당하는 물질이 바로 플루토늄plutonium입니다.

플루토늄은 자연계에 존재하지 않는 원소다. 그러면 어떻게 해서 만들어지는지 간단하게 말하자면 핵탄두nuclear warhead를 제조하기 위해서다. 핵탄두에는 대량의 플루토늄이 채워져 있다.

그러면 도대체 누가 핵탄두를 세계에서 가장 많이 보유하고 있을까? 대답은 간단하다. 세계 제일의 군사대국인 미국이다.

미국은 플루토늄이라고 하는 성냥의 머리와 토륨이라고 하는 성냥의 축을 조합시켜 성냥, 즉 핵연료봉을 제조하는 기술을 보유하고 있다. 미국의 주식 시장에도 상장되어 있는 토륨파워thorium power는 핵연료봉 제조 기술에 관한 지적재산권을 소유하고 있다.

여기까지 알게 되면 미국이 중국을 이용해 무엇을 의도하려는지 명백해진다. 미국은 다음과 같이 속삭일지도 모른다.

"지금 당신들 앞에 토륨이라고 하는 쓰레기가 쌓여 있다. 이것이

우라늄uranium과 마찬가지로 차세대를 리드하는 연료가 된다면 어떻게 될까? 너무 기뻐 웃음을 참지 못할 것이다."

물론 미국이 중국에 그 기술을, 게다가 성냥의 머리가 되는 플루토늄을 무상으로 넘겨주지는 않을 것이다. 그 이외의 분야에서 더 많은 요구를 할 것이다.

중국은 세계 13위에 속하는 석유 매장량을 자랑한다.[9] 그러나 내수 활성화를 계속해서 추진하고 있고, 아직도 폭식을 일삼는 마구잡이식 경제성장이 멈추지 않고 있는 중국에서 에너지 자원이 남아도는 일은 결코 없다.

언론은 미국과 중국의 정상회담에서 매번 '위안화 절상 문제'를 놓고 첨예하게 대립하는 것처럼 보도하고 있다. 그러나 그 결과를 보면 의외로 중국이 미국 쪽에 단호하게 밀어붙이지 않고 있는데, 그 배경에는 감춰진 사정이 있다.

우라늄을 사용하는 원전에서 토륨을 사용하는 원전으로 전환하는 문제를 추진하기 위해 전개하고 있는 사전 작업이 미국식 외교라고 해도 지나친 말은 아닐 것이다. 왜냐하면 최근 들어 이상하게도 미국이 주력하고 있는 상대국은 대부분 토륨 산출국이기 때문이다. 인도가 그렇고 북한이 그렇다.

또한 플루토늄에 대해 말하자면 일찍이 냉전 시대에 적대국이었던 러시아의 존재도 무시할 수 없다. 그런데 러시아가 최근 들어 갑자기 미국과 핵군축 교섭에 합의하고서 슬그머니 핵탄두 처리를 미국에 일임하고 있는 것이다.

한편 중국은 마구잡이식 경제성장을 유지하기 위해 속속 원전 건설에 박차를 가하고 있다. 각국이 치열하게 경쟁하고 있는 가운데 2006년 2월, 어찌된 영문인지 일본 도시바가 재래형 경수로 기술에서 최고 수준을 자랑하는 웨스팅하우스westinghouse를 인수했다. 일본 측도 잇달아 전 세계를 돌면서 원전을 건설하고 있는 것이다.

그러나 어떤 의미에서 보면 에너지 분야는 자금의 세계와 동일해서 상류에 있는지 하류에 있는지에 따라 순위가 완전히 바뀐다. 왜냐하면 상류에 있는 자가 그 흐름을 막아버리면 하류에 있는 자는 더 이상 생존할 수 없기 때문이다.

이를 지금 설명한 문맥에 적용해보면 다음과 같은 결론이 나온다. 하류에 있는 자는 원전을 스스로 만들 능력을 지니지 않은 나라들이다. 그리고 그보다 조금 높은 상류에는 최고 수준이지만 기존의 재래형 경수로 기술을 보유하고 있는 일본이 있다. 그리고 그보다 더 높은 상류에 중국이 있다. 어째서 상류인가 하면, 새로운 유형인 핵연료봉의 원료가 되는 토륨을 대량으로 보유하고 있기 때문이다.

그리고 가장 높은 상류에는 성냥 머리에 해당하는 플루토늄을 보유해 이를 토륨에 끼워 넣는 기술을 독점하고 있는 미국이 있다. 이와 같은 에너지 구조 아래에서는 그 어느 누구도 미국에 맞설 수 없다.

실은 미국은 석유에 대해서도 이런 식의 대응을 일삼았다. 분명히 석유가 대량으로 매장되어 있는 곳은 중동 지역이다. 그러나 그곳에서 채굴하는 원유는 유황 성분이 매우 많아 그대로는 사용할 수 없다.

때문에 탈황 장치가 필요할 수밖에 없는데, 그러한 기술을 보유함으로써 시장을 장악한 나라가 바로 미국이다. 사우디아라비아를 필두로 엄청난 양의 석유를 보유하고 있는 나라들이 많이 있는데도 불구하고, 중동 국가들이 모두 미국에 대항하려 하지 않는 배경에는 그와 같은 연유가 있기 때문이다. 중동 국가들이 탈황 처리를 해주는 미국을 여전히 추종하고 있는 이상, 그 원유에서 넘쳐나는 오일머니로 윤택해지는 구조는 지속될 수밖에 없다.

그렇지만 미국이 아예 작정을 하고서 석유를 에너지원으로 이용하지 않을 수도 있으므로 그렇게 되면 중동 국가들은 치명적인 타격을 입는 것 또한 사실이다. 실제로 기후 변동이라고 하는 문제를 지금도 전 세계에 부각시키고 있는 나라가 미국이며, 온실가스 배출량을 삭감하기 위해 석유 문명에서 탈피해야 한다고 외치고 있는 나라도 미국이다.

실은 이와 동일한 문제가 토륨과 중국이다. 왜냐하면 성냥의 축인 토륨은 그 자체로는 핵분열이 일어날 수 없기 때문에 성냥의 머리인 플루토늄이 반드시 필요한데 그 플루토늄의 양이 절대적으로 적은 것이다.

그러던 차에 중국은 지금까지 쓰레기로 취급했던 토륨이 보물산으로 바뀌자 급속하게 토륨 원전으로 전환하고 있다. 하지만 어느 순간 플루토늄은 사라질 테고 그렇게 되면 핵연료봉을 새로 만들 수 없다는 사실을 깨닫게 될 것이다.

2009년 4월 오바마 대통령은 프라하 연설에서 핵무기 없는 세계를 만들자고 주장했다. 이는 다시 말해서 미국이 핵무기를 새로 개발하지 않고, 따라서 플루토늄도 생산하지 않겠다는 의지의 천명이었다.

다른 한편으로 미국은 러시아와의 핵군축 교섭을 통해 서서히 플루토늄을 회수하고 있다. 그리고 이란의 경우처럼 마음대로 플루토늄을 만들려고 하는 나라에 대해서는 가차 없이 제재를 가했다.

그렇기 때문에 플루토늄은 반드시 고갈될 것이다. 적어도 중국이 날마다 사용하는 핵연료봉에 필요한 양은 전혀 조달하지 못하게 된다.

게다가 신형 핵연료봉을 사용할 경우 성냥의 머리인 플루토늄은 점점 고갈될 것이고, 그 때문에 계속해서 플루토늄을 보충해야 할 것이다. 중국이 플루토늄이 고갈되어 이젠 토륨 원전을 가동할 수 없다는 사실을 알게 되었을 때는 이미 늦다.

중국이 옛날에는 쓰레기 더미였다가 지금은 보물산이 된 토륨에 눈을 밝히고 몰려드는 것은 당연하다. 그 결과 중국은 마침내 미국에 등을 돌리게 될 것이다.

그러나 그렇다고는 해도 중국은 매우 절묘한 형태로 미국과 협력하고 있다. 이번 희토류 문제를 둘러싼 일련의 과정에서도 그와 같은 사실이 분명하게 드러났다. 중국이 대일 수출 금지를 단행하기 전후, 중국 외 지역에서 세계 최대 규모의 희토류 광상鑛床 권익을 보유한 미국의 몰리콥Molycorp이 12년 만에 희토류 채굴을 재개하겠다고 발표했던 것이다.

한쪽에서는 중국이 신나게 값을 올리고, 다른 한쪽에서는 미국(몰리콥)이 수익을 올리는 구도다. 매치펌프란 바로 이를 두고 하는 말이 아니겠는가.

## 금융 자본주의, 미국식 게임의 함정

애석하게도 일본은 이런 큰 그림을 눈치 채지 못한 채 글로벌 활동을 전개해왔다. 특히 자동차회사들은 희토류 문제로 말미암아 크게 타격을 입었고(기업에 따라 정도의 차이는 있었지만) 기업 이미지는 땅에 떨어졌다.

특히 일본 기업 가운데서도 제2차 세계대전 이전부터 중국 상하이와 깊은 관계가 있었던 토요타자동차가 이번 리콜 사태로 마치 저격을 받은 것처럼 치명적인 상황에 빠진 것은 역사적 아이러니가 아닐 수 없다. 그리고 그 역사적 아이러니의 뒤편에서 미소 짓고 있는 미국의 모습이 아른거린다.

그런데 서로 보조를 맞추고 있는 미국과 중국에 휘둘리고 있는 일본에 아랑곳하지 않고 약진을 거듭하고 있는 나라가 한국이다. 특히

2008년 가을에 발생한 글로벌 금융위기 속에서도 현대자동차는 자동차 분야에서 독주를 하고 있다.

위기는 기회라는 말처럼, 현대자동차는 전대미문의 금융위기가 전 세계를 휩쓸고 있는 가운데서도 다양한 인센티브 제도를 대대적으로 전개했다. 원화 약세에 힘입어 2009년 1월 시점 미국 시장에서의 신차 판매대수가 14퍼센트나 증가해 일본 기업들을 놀라게 했다.

한국 기업이 주목받고 있는 분야는 자동차 산업 뿐만이 아니다. 예를 들어 전자업계의 경우 삼성전자가 크게 두각을 나타내고 있는데, 구체적으로 살펴보면 다음과 같다.

삼성전자의 2010년 2분기 실적을 보면 연결 영업 이익이 전년 동기 대비 87퍼센트 증가한 약 5조 원을 기록했다. 이는 일본을 대표하는 전자회사인 히타치제작소, 도시바, 소니, 이 세 개 회사가 2009년에 기록한 영업 이익 총액과 거의 맞먹는 금액이다.

이 같은 대약진의 배경을 한국에서는 흔히 '오너 자본주의'의 산물이라고 설명한다. 김현철 교수의 《한국의 황제경영 VS 일본의 주군경영》이라는 책의 일부를 인용해보자.

> 한국기업들을 파악할 때 주목해야 하는 점은 오너 자본주의다. 한국기업의 종업원들이 고객만족을 추구해야 할 상대는 흔히 말하는 일반적인 고객만이 아니다. 가장 소중히 대해야 하는 고객은 오너다. 오너의 기대에 부응하기 위해 종업원들은 최선을 다한다. (중략)
>
> 이와 같이 한국 기업에서는 오너의 입김이 강하게 작용하므로 종업

원들의 최우선 과제는 오너의 기대를 충족시키는 데 있다. 오너가 기대하는 것은 규모의 확대와 성장이다.

하루 종일 회의를 거듭하고 열심히 일하는 게 바로 '일'이라고 여기는 일본의 샐러리맨 입장에서 보면, 이 같은 주장은 매우 독특하다. 표현을 달리하자면, 여기서 말하는 오너 자본주의란 다름 아닌 '원맨 경영'이다. '잃어버린 20년' 속에서 일본은 미국(MBA)으로부터 원맨 경영을 해서는 안 되며 오직 기업 통치를 철저히 해야 한다고 배웠다.

그러나 수치는 거짓말을 하지 않는다. 1997년에서 1998년 사이 아시아 통화위기로 인한 충격을 정면으로 받아 IMF의 직접적인 관리를 받았던 한국은 오히려 비 기업통치라고 할 수 있는 시스템을 보존함으로써 그것이 오늘날의 대약진을 이룩하는 밑거름이 되었다. 역사란 실로 얄궂은 법이다.

그러나 그와 같은 한국에도 중대한 약점은 있다. 그것은 바로 제조업의 뿌리인 기초 기술이 취약하다는 점이다. 때문에 대약진라고는 하지만, 한국은 아직도 일본과의 관계에서 무역 적자를 기록하고 있다. 왜냐하면 제조업에서 반드시 필요한 부품 조달을 한국 내에서 해결할 수 없기 때문이다. 그렇다 보니 일본에서 구매한 부품을 사용해 제품을 완성하고, 그것을 전 세계에 판매한다는 게 한국의 기본 전략이다.

그러므로 한국 입장에서 보면 아직도 '잃어버린 20년'에서 벗어나지 못하고 있는 일본이야말로 수익을 창출할 수 있는 가장 좋은 대상이 아닐 수 없다. 전 세계에 상품을 판매해 벌어들인 수익으로 일본의 뛰어난 기술자를 영입하기란 무엇보다 쉬운 일이기 때문이다.

그러나 인력이 빠져나가면 정보도 빠져나가는 법이다. 이 책을 집필하고 있을 당시(2011년 2월) 아직도 미국 국제무역위원회에 계류 중인 세라믹콘덴서를 둘러싼 무라타제작소의 삼성전기에 대한 제소도 일부에서는 이 같은 인재 유출이 원인이라는 견해가 있었다(2011년 4월 25일 최종적으로 무라타제작소의 패소로 끝났음).

그 때문인지 한 선배가 나에게 이런 말을 했다.

"최근 도쿄에 있는 고급 이탈리안 레스토랑에서 큰소리로 이야기를 하고 있는 한국 비지니스맨의 모습을 볼 때가 많다. 그러나 뭐랄까. 분위기가 어색하다고 해야 할까. 그렇다고 해서 그들이 일본인을 의식하는 것은 아니다. 어떤 의미에서 보면 그들은 제멋대로 행동하는 것처럼 보인다."

한국인뿐만 아니라 일본인 중에도 매너가 좋지 않은 사람들은 물론 있다. 한국인이라고 해서 이러쿵저러쿵 말하는 것은 잘못된 처사다. '잃어버린 20년' 또는 출구가 보이지 않는 '일본화'라고까지 손가락질을 당하고 있는 나라가 일본이다. 이런 험담이 널리 퍼질 수밖에 없는 감정의 밑바탕에는 충분한 이유가 있다.

더 이상 발버둥 칠만한 기력조차 상실한 채 표류하고 있는 일본 따위는 거들떠보지도 않은 채 한국을 비롯해 여타 동아시아 국가들이 대약진을 거듭하고 있다. 그 모습은 마치 역사의 대전환처럼 보이며, 매우 자연스러운 흐름이라는 생각 또한 든다.

특히 이들 동아시아 국가들은 그 옛날 일본의 지배를 받은, 역사적으로 아픈 상처를 지니고 있다. 이제는 그 대가로 군사 점령이 아닌 경제력에서 일본을 압도할 수 있다면 매우 다행스런 일임에 틀림없다.

이쯤에서 '숲은 보되 나무는 보지 마라'는 말을 다시 떠올리기 바란다. 왜냐하면 일본의 고도성장이 대단했다든지, 한국의 대약진 또는 중국의 거품 경제에 끝이 보이지 않는다는 이런 말들은 어차피 모두 미국 측이 만들어 낸 금융 자본주의라는 게임 속에서 하는 말이다. 말하자면 미국이라는 게임 판의 주인은 빙글빙글 돌고 있는 바구니 속의 쥐들처럼 동아시아 국가들을 경쟁하게 만들어놓고는, 게임 판의 바깥에 서서 이를 바라보고 있는 것이다.

게임에 열중하면 선수들이 보지 못하는 사각지대가 생기듯이, 금융 자본주의라고 하는 이 게임에도 게임 판의 주인만이 알고 있는 함정이 도사리고 있다. 동아시아 국가들은 게임 판의 주인인 미국이 차례로 자신들을 치켜세워 띄워주면, 이것이 바로 미국만이 알고 있는 사각지대 또는 함정이라는 사실을 즉각적으로 간파해야 한다.

그런 의미에서 두 개의 함정을 예로 들 수 있다. 그 가운데 하나가 '거셴크론A. Gerschenkron 가설'이다. 이는 후발국일수록 앞서가는 국가들의 경험에 입각해 발전을 도모하므로 경제성장률이 가속화된다는 주장이다. 실제로 미국 기업들이 후발국에 진출해 자본과 기술을 빠른 속도로 전파하는 경우를 흔히 볼 수 있다.

따라서 자본과 기술을 보다 늦게 도입한 나라가 보다 많은 것을 축적하게 된다. 그 결과 후발국의 경제는 급속도로 성장한다. 지금 일본을 제치고 대약진을 이루고 있는 한국을 떠올리면 좀더 쉽게 이해할 수 있다.

그런데 이 가설과 동전의 양면관계에 있는 법칙이 있다. 바로 '국면 경과 가속의 법칙'이다. 경제가 발전하기 시작하면 처음에는 성인 남자들만 동원되지만, 이윽고 성인 여자들까지 동원되면서 출생률이 하락하기 시작한다. 반면 후발국일수록 출생률 하락이 가시화되는 시기가 늦어진다.

그런데 그런 이유 때문에 후발국에서는 출생률이 하락하기 시작하는 시점에서, 인구가 이미 증가하지 않거나 또는 감소해버리는 수준에까지 도달하는 시간이 매우 짧아진다. 다시 말하자면 출생률 하락이 시작되는 시기가 늦을수록 하락을 완료하는 시기가 짧아진다는 의미로, 이는 독일의 인구학자인 게르하르트 맥켄로스Gerhard Mackenroth의 주장이다. 앞서 언급한 거셴크론 가설에서 주장한 대로 성장률이 가속화되기 때문이다.

그 결과 후발국일수록 인구 동태의 변화가 끝으로 가면서 두드러지게 가늘어진다. 이것이 바로 '국면 경과 가속의 법칙'이다.

일본의 저출산과 고령화가 그 전형적인 사례인데, 고도성장을 이룩해 급속하게 인구 구조가 변화해온 아시아 개도국들은 실제로 일본을 웃도는 속도로 인구 변화를 경험하고 있다. 다시 말해서 인구 증가라는 문제 뒤에 단기간에 저출산과 고령화 현상이 나타나 노령

그림 2 한국, 중국, 일본, 대만의 인구 피라미드

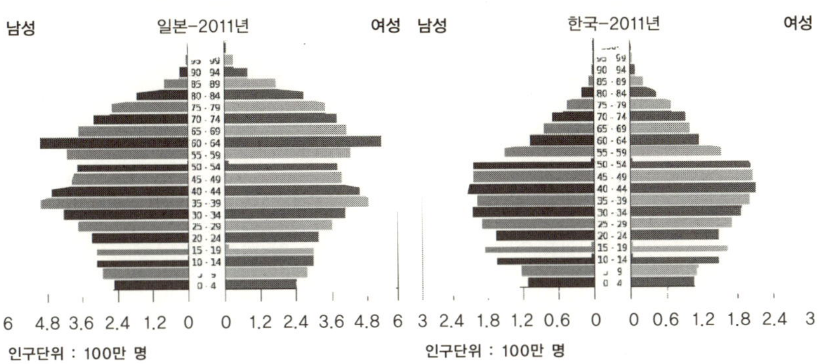


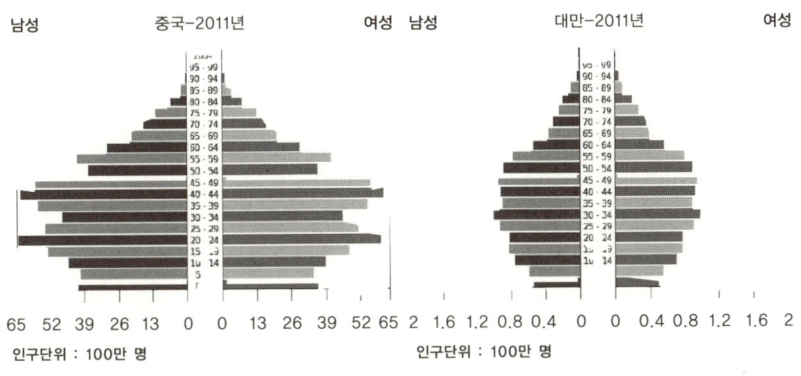


출처 : 총무성 HP

인구 증가라는 과제를 안게 된 것이다.

〈그림 2〉에서도 알 수 있듯이, 이 두 개의 함정(거셴크론 가설과 국면 경과 가속의 법칙)이 얼마나 극적인지 뚜렷하게 나타난다. 그리고 이런 사실은 곧 동아시아와 관련해 비극적인 미래가 기다리고 있다는 것을 의미한다. 왜냐하면 지금 동아시아에서 빛나고 있는 찬란한 약진

은 곧 다음 세대가 누려야 할 몫을 소진함으로써 유지되는 것이기 때문이다.

지금 장년기에 해당하는 사람이 장차 노인이 되면 연금을 받아야 한다. 그러나 막상 그때가 되면, 그때까지 급속히 진행된 저출산과 고령화의 결과로 인해 많은 노인들을 부양할 만한 청년층의 인구가 없어진다. 그렇기 때문에 연금제도 자체의 붕괴를 막으려면 납부액을 늘려야 하고 국고로 보전해야 한다.

결과적으로 경제성장의 부정적인 대가가 젊은 세대들에게 고스란히 돌아오게 되는데, 젊은 세대 역시 순순히 그런 상황을 받아들일 리 없다. 처음에는 그냥 받아들이겠지만, 머잖아 저마다 소리치기 시작할 것이다.

"왜 우리 세대가 이런 고통을 겪어야 하는가?"

연장자들이 젊은이들을 희생양으로 삼고 있다는 시나리오가 동아시아에서는 이미 현실화되고 있다. 일본 내에서 대학을 졸업해도 취직하기가 어려워 대학생들이 두려워할 만큼 고민하고 있다는 사실을 프롤로그에서 이미 언급한 바 있다. 그렇게 되면 궁지에 몰린 학생들은 점차 소심해지고, 기업은 융통성이 없는 인력을 기피하는 탓에 취업문이 점점 좁아지는 악순환이 발생한다. 그렇다면 시각을 한국 쪽으로 돌려보자. 그러면 청년 실업 문제가 좀더 뚜렷하게 나타날 것이다.

한국 통계청에 따르면 2009년 실업률이 3.6퍼센트를 기록했다. 그러나 15세에서부터 29세 사이에 있는 청년 실업률을 보면 7.6퍼센트에 달해 전체 실업률보다 두 배가량 높다. 2010년 2월에는 10퍼센트로 치솟아 커다란 사회적 문제가 되었다.

분명히 한국이 자랑하는 오너 자본주의는 금융 멜트다운이라는 거센 파고 속에서도 극적인 경제 회복을 이룩하는 데 크게 기여했다. 그러나 그런 경제 회복의 수혜를 입은 당사자는 대기업과 이에 소속된 구성원들뿐이다.

상황이 이렇다 보니 부모들은 자녀들이 양질의 교육을 받아 좋은 직장에 들어갈 수 있도록 필사적으로 노력한다. 게다가 교육 산업마저 이 같은 경향을 부채질해 자녀들의 의사와는 관계없이 엉뚱한 입시 경쟁이 벌어지곤 한다.

그래도 경쟁에서 살아남은 사람들은 다행이다. 경쟁에서 밀려난 사람들은 이십대 태반이 백수라는 의미의 '이태백'으로 전락해 늘 불만을 품게 된다. 경제가 양호한데도 불구하고 때때로 맹렬한 반감이 소용돌이치는 원인이 바로 여기에 있다.

이번에는 중국 쪽으로 눈을 돌려보자. 거품 경제라고 할 만큼 경기가 좋다고 하지만 실상은 청년 인력, 심지어 고등교육을 받은 젊은이들조차 일자리가 없어 커다란 사회 문제가 되고 있다. 이는 일본이나 한국에는 그다지 알려져 있지 않은 사실이다.

1997년 아시아 통화위기가 발생하자 중국 내에서도 취업난이 심각해졌다. 그러자 중국 당국은 가장 먼저 1999년부터 대입 정원을 몇 배로 늘렸다. 이 같은 급작스런 정책 변경은 실업 문제 완화와 고등교육에 대한 높은 욕구에 부응하는 일거양득의 정책 효과가 있을 거라는 기대 때문이었다. 그러나 너무 성급하게 정원을 늘린 탓에 그토록 대단한 중국 경제도 대졸 젊은이들을 인력으로 충분히 흡수할 수 없었다.

또한 현재 중국 내에서도 노동 시장에 신규 진입하는 사람들은 1980년대에서 1990년대에 태어난 젊은이들이다. '80후' 세대 및 '90후' 세대(중국에서 덩샤오핑이 1가구 1자녀 정책을 실시한 후인 1980년대와 1990년에 태어난 세대)라 불리는 청년들에 관해 기술한 책에는 다음과 같은 내용이 담겨 있다.

> 도시에서 태어난 이들 세대는 대부분 외아들이다. 그들 중 대부분은 대학을 졸업하고 나서도 일자리를 찾지 않고, 심지어 찾으려고도 하지 않은 채 부모 밑에서 생활하고 있는 자녀들이다. 그들은 중국에서 '컨라오주啃老族'라 불리며, 하나의 사회 현상으로서 주목받고 있다. (중략) 이 같은 외아들 문제로 말미암아 그들은 성장하는 과정에서 공부에만 관심을 두고, 공부 외의 모든 것은 부모가 대신해주기 때문에 그들의 생활 능력, 책임감, 일에 대한 의욕은 사라졌다. 그 때문에 스스로 일자리를 찾으려 하기보다 부모에게 의지하는 경향이 강하다. 뿐만 아니라 과보호 환경에서 자란 외아들은 일자리에 대한 눈높이가 지나치게 높은 경향이 있다. 취직을 해도 주위 사람들과 협력하지 못해 쉽게 그만둬버린다.

입시 경쟁에 몰두하는 부모들의 열정과 반비례하듯이 사는 것, 일하는 것에 의욕을 상실한 상태다. 그럼에도 젊은이들이 놀고 있을 수 있는 것은 부모가 벌어들인 돈이 있기 때문에 부모 밑에서 마음껏 소비할 수 있는 것이다. 이는 '패러사이트 싱글parasite single'(경제적 독립을 이뤄내지 못한 주로 20대 중후반 이후의 독신자로서 부모의 경제력에 의지해 살고 있는 사람), '니트NEET(Not in Education, Employment or Training)'(일하지 않고 일할 의지도 없는 청년 무직자를 뜻하는 신조어) 등 일본에서 벌어지고 있는 상황과 다를 게 없다.

이처럼 폐쇄된 상황에서도 동아시아 국가들이 아직도 집착하고 있는 게 바로 혈통이다. 제아무리 민주화되고 자유화되었다고는 하지만, 혈연관계만큼은 법에 호소해서라도 증명하고자 한다.

그런 현상이 가장 두드러진 곳이 '한인 가족주의'로 알려진 대만 경제다. 대만에서는 금융그룹이 경제의 핵심을 차지하고 있는데, 그 중에서도 공기업 색채가 옅은 그룹은 모두 몇몇 대가족에 속해 있다.

대만의 유력 금융그룹들 중 상당수가 서로 친인척관계를 이루고 있다. 그 그룹들은 일본이 통치했던 식민지 시절의 5대 지주 가문부터 시작되었고, 이전에 총통을 역임한 장제스蔣介石나 리덩후이李登輝 가족까지 그 그룹에 포함되어 있다.

가족주의가 뿌리 깊이 박혀 있는 곳은 비단 화교나 화인 경제뿐만이 아니다. 한국의 오너 자본주의 또는 재벌도 결국은 혈연에 의해 형성되어 있다고 볼 수 있다. 그런 의미에서는 대만과 거의 흡사하다.

동아시아 국가들은 한편으로는 급속한 경제성장을 이룩했지만, 기뻐할 겨를도 없이 저출산과 고령화, 그리고 다음 세대의 무위도식이라는 심각한 과제에 직면해 있다. 그리고 다른 한편으로는 경제 구조 내에 가족주의가 여전히 팽배해 있어서 좋은 집안에서 태어난 아이와 영원히 빈곤에 허덕이는 아이가 미리 선별되고 있다는 문제가 지속되고 있다.

한 발 앞서 고도성장을 실현함으로써 이미 그 같은 엄격한 현실에 직면한 일본은 물론, 동아시아에서 살고 있는 우리 모두는 이 절박한 시기에 더욱 냉정을 찾아야 한다. 그리고 "정말 이대로 괜찮은가?"라고 스스로에게 물어야 한다.

금융 자본주의라는 게임을 하면서 서로 경쟁해온 동아시아 국가, 이 게임에는 찬란하게 쏟아지는 빛으로 인해 분명 어딘가 그늘이 드리워지기 시작하고 있다.

그러면 이 게임의 주인인 미국과 유럽은 어떤 입장을 표명하고 있는가? 서두에서 언급한 역사적인 부의 동진이라는 현상을 맞이해 그들은 다음과 같이 주장하고 있다. "과잉 자본주의는 시정되어야 한다."

여기서 말하는 과잉이란 요컨대 '부를 지나치게 보유하는 것은 잘못되었다'는 것을 의미한다. 당연히 논의의 초점은 무역 흑자를 통해 막대한 외환 보유고, 즉 부를 비축하기에 이른 중국과 일본을 필두로 하는 동아시아 국가들을 겨냥하는 것이다.

따라서 G20이나 G8과 같은 국제 정상회담 수뇌 모임에서 거듭 주장하고 있는 이 말이 함축하는 의미는 단 하나다. 부의 동진을 막기 위해 동아시아 국가들에 집중적으로 유입된 부를 끄집어내 빼앗아야 한다는 것이다.

다시 말해서 가만히 앉아 있으면 모든 일이 저절로 해결될 리 없다는 뜻이다. 그냥 손 놓고 있으면 게임의 주인인 미국은 틀림없이 논리를 내세워 가까스로 동진해온 동아시아 국가들의 부를 빼앗아 가고 말 것이다.

그렇게 되면 아무리 동아시아 국가들이 일치단결해서 막으려고 한다해도 철저하게 저지당하게 될 것이다.

이는 더 이상 머니게임이 아니다. 그렇다고 해서 흔하디흔한 외교전도 아니다. 이는 곧 문명의 대결이다. 이런 상황을 극복하기 위해서는 근시안적인 논의로 일관해서는 안 된다. 그래서 필요한 조치가 물밀듯이 밀려드는 서구적인 것을 극복하고 나아가 그것을 초월해 동아시아 국가 모두를 이끌어나갈 수 있는 근본 원리다.

금융 자본주의라고 하는, 미국과 유럽이 설정한 게임의 함정에 빠지지 않고 거기에서 벗어나기 위해 동아시아에서 살고 있는 우리는 과연 무엇을 근본 원리로 삼아야 하는가? 다음 장에서 그 길을 찾아보기로 하자.

# PART 2

# 동아시아를 이끄는 펀더멘털

## 한 · 중 · 일,
## 골든트라이앵글의 공통 분모

150년 만에 도래한 '부의 동진'이라는 현실을 목전에 두고 미국은 동아시아에 위협을 가하고 있다. 이에 맞서 빼앗기지 않고 무너지지 않는 동아시아를 구축하려면, 그 중심이 되고 뿌리가 되는 근본 원리가 필요하다.

그러나 지금까지의 논의는 이 점에 대해 완벽하게 언급하지 않았다. 앞장에서도 기술했듯이 동아시아 정상회담이나 동아시아 공동체가 논의되었을 뿐이다.

그렇지만 동아시아 정상회담이나 동아시아 공동체는 한결같이 원리보다는 기능, 이념보다는 실리를 추구한다. 그 배경에는 1997년 느닷없이 발발한 아시아 통화위기가 자리하고 있다.

그런 논의가 이뤄지기 이전에 동아시아에 존재한 지역 협력체는 아시아태평양경제협력체APEC뿐이었다. 그리고 그것은 열린 지역주의open regionalism와 자발적 자유화voluntary liberalization를 표방했으며, 아무리 봐도 이념보다는 실리를 추구하는 협력 기구였다.

동아시아를 둘러싼 이러한 실리적 사고방식은 아시아 통화위기라는 전대미문의 사건이 발생함에 따라 철저하게 추구되었다. 그 결과 그릇은 있지만 그 안에 혼이 담기지 않은 금융 자본주의라는 기존의 게임을 극복하기 위한 시스템만이 구축되었다.

그러나 거듭 말하지만 지금이야말로 동서 문명 간의 초월이라고 할 정도의 엄청난 사태가 발생하고 있다. 이 심각한 사태는 일본에서만 진전되고 있는 게 아니다. 한국, 중국, 대만 역시 이 거센 파고에 휩싸이고 있다.

이런 사태를 극복하기 위해서는 확고부동한 근본 원리가 필요하다. 다시 말해서 금융 자본주의라고 하는 기존의 경제 질서를 뛰어넘어 새로운 경제 질서에 적용할 수 있는 원리가 필요한 것이다.

적을 이기려면 먼저 적을 잘 알아야 한다. 그러기 위해서는 무엇보다 미국이 만들어놓은 금융 자본주의를 초월할 수 있는 근본 원리부터 알아야 한다.

비록 1905년 간행된 직후 물의를 일으키긴 했지만, 이 문제에 대해 정면으로 비판한 불후의 저서가 하나 있다. 막스 베버의 《프로테스탄티즘의 윤리와 자본주의 정신*The protestant ethic and the spirit of capitalism*》이다. 여기서 주장하는 베버의 견해를 간단히 요약하면 다음과 같다.

인간은 신에게서 부여받은 직업을 '천직'이라 여겨, 그에 헌신적으로 수행하는 금욕적인 태도를 경건하게 몸에 익힐 때 자본주의 시대에 돌입한다.

그런데 그런 금욕적인 태도는 미국 탓에 결국 소멸되었다고 단언한다.

영리를 가장 자유롭게 추구하는 나라인 미합중국에서는 영리 활동이 종교적 · 윤리적인 의미를 배척한 탓에 지금은 순수한 경쟁으로 치닫는 경향이 있다. 그 결과 스포츠와 같은 성격을 띠는 면도 많다. 앞으로 이 쇠로 된 우리(스포츠를 하는 경기장) 안에 갇혀 살 자는 누구인가. 그리고 이 엄청난 발전이 끝날 무렵 전혀 새로운 예언자들이 나타날 것인가? 또는 옛 사상과 이상이 힘차게 부활할 것인지, 그렇지 않으면 그 어느 쪽도 아닌 일종의 발작적인 오만으로 장식된 기계적 화석화가 있을지는 아직 아무도 모른다.

독일에서 생활하는 막스 베버에게 바다 건너편에 있는 미국은 향락의 나라, 혼이 존재하지 않는 나라였다. 종교적인 금욕이야말로 자본 축적을 촉진하고, 세계의 역사를 자본주의로 유도한다고 주장하는 베버의 입장에서 보면 미국은 가장 혐오스런 나라였다.

그렇다고 해서 금융 자본주의의 화신이라고도 할 수 있는 미국을 무조건 세속과 향락에 젖었다고 단언하는 것은 옳지 않다. 왜냐하면 원래 신앙의 자유를 찾아 청교도들이 거센 파도를 헤치고 도착한 땅에 세운 나라가 미국이기 때문이다.

그런 사실은 지금도 전혀 변함이 없다. 하스미 히로아키蓮見博昭는 자신의 저서 《종교에 흔들리는 미국-민주정치의 배후에 있는 것》에서 "종교적인 정치 역학을 평가하지 않으면, 지금의 미국 정치와 사회를 이해할 수 없다."고 말한다.

그렇다. 바로 그 미국에게 '미국'이란 동경을 초월한 하느님의 나라였다. 하지만 그렇게 되지 못했던 것은 쉽게 말해서 '기독교는 곧 미국적 가치관'이 아니었기 때문이다.

말하자면 전자(기독교)를 전제로 해서 성립한 미국 국교 신앙이 미국의 역사를 인도했다. 그리고 단지 성서를 믿는다는 차원을 뛰어넘어 미국인이 되자는 노력 그 자체에 종교적인 신앙이 있었으며, 그렇기 때문에 보이지 않는 종교가 된 것이다.

그렇다면 다시 생각해봤을 때 그 보이지 않는 종교, 또는 거기에 존재하는 신과 미국식 욕망의 노출인 금융 자본주의는 과연 어떤 관계가 있는가?

굳이 경영학자가 아니더라도 많은 사람들이 알고 있는 피터 드러커의 논문, 〈프리드리히 율리우스 슈탈 : 보수주의적 국가론과 역사 발전〉 안에 이를 규명하는 열쇠가 담겨 있다.

최근 일본에서는 만약이란 뜻인 '모시もし'와 드러커의 일본식 축약발음인 '도라ドラ'를 합쳐 '모시도라'란 약칭으로 널리 알려진 《만약 고교야구 여자 매니저가 피터드러커를 읽는다면》이라는 책이

화제를 불러일으킨 적이 있었다.

한 고등학교에서 야구부의 매니저를 맡고 있는 여학생이 서점에서 우연히 발견한 드러커의 《매니지먼트》라는 책을 읽고, 그의 경영 이론과 철학을 야구부 운영에 접목시켜 만년 꼴찌 팀을 전국대회에 출전시킨다는 내용이다. 처음엔 드러커가 누군지조차 몰랐던 야구부 선수들은 "기업(조직)의 존재 이유는 고객이고, 기업의 목적은 시장을 창조하는 것"이라는 드러커의 명언을 통해 자신들이 무엇을 위해 야구를 해야 하는지 사명감을 깨달아간다.

이 책뿐만 아니라 경영학에 관심이 있는 사람이라면 한국식 경영과 일본식 경영을 높이 평가했던 드러커의 저서를 여러 권 접해봤을 것이다.

그러나 1909년 오스트리아 빈에서 태어난 드러커가 1933년 30쪽도 되지 않는 논문 〈프리드리히 율리우스 슈탈 : 보수주의적 국가론과 역사 발전〉을 발표한 탓에 나치스에 쫓기는 처지가 되었다는 사실은 거의 알려져 있지 않다. 나치스에 쫓긴 드러커는 런던으로 도피하고 그곳에서 다시 미국으로 건너간다.

그런데 왜 나치스는 불과 스물네 살밖에 되지 않은 드러커가 쓴 논문을 금서로까지 규정하고 파기했을까? 이 논문에는 다음과 같은 내용이 적혀 있었다.

> 국가는 의무를 대변하기 때문에, 또 대변하는 한 보수적 국가론은 국가를 긍정적으로 수용해야 한다. 그러나 국가는 세상의 질서며, 시대

를 초월한 고차원의 질서를 회복하기 위해 태어난 기관이며, 그리고 인간의 목표와 의미를 지닌다. 그 때문에 보수적 국가론은 국가가 유일한 의무만 수행하지 않도록, 또한 전체주의적 국가가 되지 않도록 예방해야 한다. 이 인간의 목표와 의미, 말하자면 권력은 신성하며 보편의 질서, 즉 신의 세계의 계획을 따르는 게 아니면 사악하고 타락하고 파괴적인 것이 된다.

"신이 먼저 존재한다. 그러므로 신을 따르지 않는 국가에게는 복종할 의무가 없다."고 단언한 드러커는 나치스의 총검에 쫓겨 미국으로 도피한 것이다. 그런 드러커가 미국에서 본 것은 국가 그 자체라고도 할 수 있는 거대 기업의 존재였다. 그리고 그것은 그가 말하는 '신의 세계의 계획'에 따르게 하려면 어떻게 해야 하는지를 규명하는 드러커식 경영학의 근본 원리였다.

그런 의미에서 세계를 석권해 동아시아를 급습한 미국식 금융 자본주의의 근저에는 그들이 강조하는 신이 존재한다. 게다가 드러커에 대해 공부하는 학생들은 이 논문에서 말하는 신을 의식하지 않는다. 오히려 그들에게는 보이지 않는 신이 부에 대한 끝없는 욕망의 저편에서 끊임없이 아른거리고 있다.

그렇다 보니 동아시아가 금융 자본주의에 대항하기 위한 근본 원리로서 아무리 새로운 신을 제시한다 한들 아무런 의미가 없는 것이다. 왜냐하면 그들의 신 앞에 또 다른 신을 마주 대하게 한들 결국은 말 그대로 '신들의 싸움'이 되어버리는 게 고작이기 때문이다. 그러므로 여기서 추구해야 할 근본 원리는 흔한 의미의 종교적 차원이 아니다.

그러면 혈연은 어떤가? 다소 당돌한 생각일지는 모르지만 앞장에서도 언급한 대로, 동아시아 사회가 지니는 특징 가운데 하나가 가족주의다. 그리고 그 가족주의는 혈연과 혈연이 이어질 때 비로소 성립한다. 그러므로 혈연은 한편으로는 그것을 동일하게 지니고 있지 않은 상대와 뚜렷하게 구별된다는 의미에서 배타적인 것이기도 하다.

혈연이란 곧 현대식으로 말하자면 유전자가 동일하다는 것을 의미한다. 이 사실을 통해 차안(번민이 많은 세계로 동아시아)과 피안(깨달음의 세계로 미국)으로 분류할 수 있다면, 그것은 분명 근본 원리를 도출할 수 있는 하나의 힌트가 된다.

최근 관심을 모으고 있는 연구 가운데 하나로, 인간이 지니는 '미토콘드리아 DNA'에 관한 분석이 있다. 구체적으로 설명하자면, 이 미토콘드리아 DNA 중에서도 비교적 염기치환이 일어나기 어려운 유전자를, 지정하는 부분의 돌연변이로 구성된 단상형haplotype(한 개의 염색체상에 다형의 유전자 자리가 조밀하게 연쇄해 존재하는 경우, 동일 염색체상에 연쇄하는 각 유전자 자리의 대립 유전자 조합)으로 분석하는 방식이다. 쉽게 말해서 인류의 진화 과정에서 일어나는 돌연변이 정보인 단상형 상태를 분석해 조상을 추적해내는 것이다.

이에 따르면 일본인에게 가장 많은 단상형은 'D'인데, 그 중에서도 'D4'와 'D5'가 가장 많다고 한다. 단상형에 속하는 일본인의 수

**그림 3** 단상형 'D' 분포도

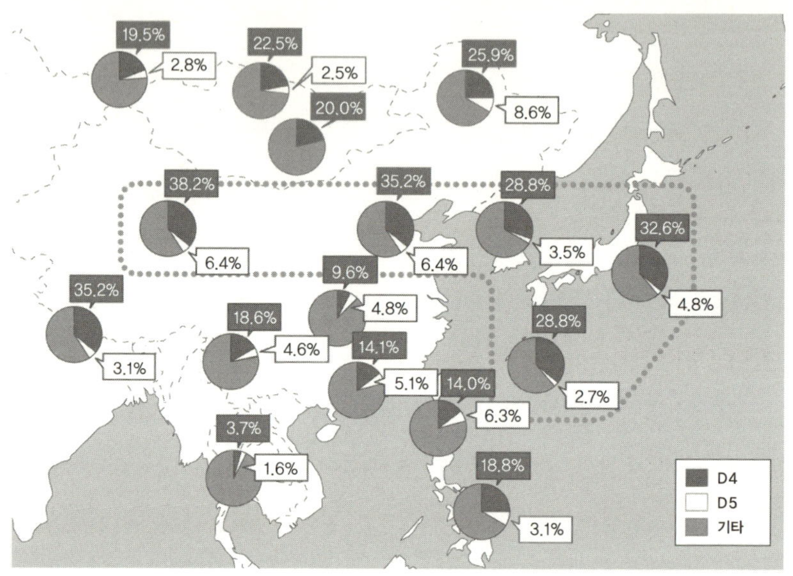


출처 : 시노다 겐이치, 《일본인이 된 선조들》

는 40퍼센트 미만이며, 게다가 동일한 현상이 한반도와 중국 동북부에도 나타난다. 따라서 단상형 'D'가 전체적으로 수억 명에 이르므로, 동아시아에서 가장 많은 유전자 세트는 단상형이라고 할 수 있다.

문제는 바로 이 부분에서부터 설명이 까다로워진다는 것이다. 사실 일본인이라고 해서 모두 단상형 'D'인 것은 아니다. 때로는 유럽의 단상형인 'HV'가 검출되기도 하기 때문이다.

또 그밖에도 동남아시아에서 가장 우세한 'F', 북방한민족인

'M8a', 중앙아시아의 'C' 등 실로 다양한 종류가 일본인의 DNA에서 검출되곤 한다. 그 때문에 미세한 차이는 있을지 몰라도 일본인 집단은 대체로 한반도 및 중국 동북부 지역과 유사한 미토콘드리아 DNA 분포를 보이고 있는 게 사실이다.

그렇지만 중국 남방계와 일본인이 그런 의미에서 동일한 관계에 있다고는 결코 단정할 수 없다. 따라서 다소 거친 표현일지는 모르지만, 혈연과 DNA를 동일한 것으로 해석한다면 동아시아에 동일한 DNA는 존재하지 않는다는 게 정답이다.

그렇다면 문명 간의 초월이라는 관점에서 동아시아가 추구해야 하는 근본 원리를 찾는다면, 위와 같은 사실들을 근거로 하는 '종교'도 아니며 하물며 '혈연'도 아니다. 그러면 여기서 조금 시각을 바꿔 '가치관'에 대해 생각해보면 어떨까?

이 부분에서 언급하지 않을 수 없는 사람이 바로 루돌프 스멘트 Rudolf Smend다. 이 사람은 앞에서 언급했던 것처럼 드러커가 오스트리아를 떠났을 때 독일의 수도 베를린에서 헌법론적 관점에서 나치스와 대립했던, 극우와 극좌로 분열된 독일을 규합하기 위해 '통합론integrationstheorie'을 연구한 학자였다.

스멘트는 "사람을 한 데 모으는, 즉 통합하는 데는 세 가지 패턴이 있다. 첫째 인적 통합, 둘째 기능적 통합 그리고 셋째가 실질적 통합이다."라고 주장했다.

여기서 인적 통합이란, 리더가 있고 그를 따르는 사람들이 있는 것을 말한다. 이와 달리 기능적 통합이란, 예를 들면 라디오를 따라 매일 함께 체조를 함으로써 동료의식을 갖게 되는 통합을 말한다. 그리고 실질적 통합이란, 어떤 실질적 가치가 먼저 존재하고 그것에 사람들이 참여하면서 이뤄지는 통합을 가리킨다. 어떤 공통적인 가치관을 가지고 있는 사람들이 모이는 경우가 바로 이 실질적 통합에 해당한다.

하지만 이런 통합에는 심오한 취미에서부터 딱딱한 주제까지 다양한 것들이 포함된다. 그런 관점에서 본다면, 동아시아 내에 과연 공통적인 무언가가 있기는 한 것일까? 또 공통적인 무언가를 찾는다 하더라도 과연 그것이 무소불위 같은 미국에 맞서기 위한 근본 원리로서 충분할까?

그 점에 대한 해답은 동아시아에 널리 확산되어 있는 대중문화에서 찾아볼 수 있다. 동아시아에서 제작된 만화, 애니메이션, 드라마, 음악 등 다양한 영상물과 책자, 음반들이 국경을 넘어 동아시아의 가정 곳곳에 폭발적으로 확산되어 동시에 이를 즐기고 있는 것이다.

하지만 이런 분야에서 완성된 정체성은 확고한 국민 의식이나 이를 초월한 동아시아 공동체의 정체성이 아니라는 지적도 있다.

그렇다고 해서 "동아시아의 미래는 이 개별 '가족'에 의해 행해지는 선택에 달려 있다"고 느긋하게 생각하고 있을 수만은 없다. 부의 동진이 진전되면서 이를 억제하고자 하는 미국의 움직임이 멈추지 않고 있기 때문이다.

그렇다면 좀 더 구체적인 차원에서 논의를 해보는 것은 어떨까? 그렇게 되면 그 즉시 공산주의, 자유주의, 민족주의라는 벽에 부딪

친다. 특히 일본은 '과거사 문제'를 가지고 있다. 이제 와서 '대동아 공영권'으로 되돌아간다는 것은 절대로 불가능한 일이므로, 이 수준에서 논의를 진행한다는 것은 일본 입장에서는 높고 견고한 벽 앞에 놓이는 격이다.

반대로 다른 동아시아 국가들 입장에서도 과거사 문제는 국민 의식과 관련된다. 예를 들어 한국의 경우 일제강점에서 벗어난 해방에서부터 출발해야 하기 때문에 과거사 문제에 대해 언급하는 것은 아무래도 불편할 수밖에 없다. 이는 중국 역시 마찬가지다.

그런 만큼 추상적인 사항이나 가치관을 염두에 두고서 그에 관여하는 형태로 동아시아 공통의 무언가를 찾아내 근본 원리로 삼는다는 것은 다소 무리가 있다. 가치관 차원에서의 논의는 언제나 결론이 나지 않게 마련이어서 삭막함만을 남긴다.

## 뉴노멀 시대를 이끌어갈 근본 원리, 음양 사상

이 부분까지 읽은 독자들은 "역시 무리다. 원래 동아시아 공통의 근본 원리, 게다가 맹렬하게 몰려오는 미국에 대항하기 위한 원리 따위는 있을 수 없다."라고 생각할지도 모르겠다. 그렇게 생각할 수 있다. 그러나 나의 생각은 다르다. 동아시아 공통의 근본 원리는 분명히 존재한다. 그것은 논쟁과는 다르며, 종교와 이데올로기를 초월해 사람들을 리드하는 힘을 지닌 것이어야 한다.

그것이 바로 음양 사상이다. 세계는 '음'과 '양'으로 나뉘어 있으며, 이는 서로 별개이면서도 상호 보완의 관계를 유지하고 있다. 이것이 곧 음양 사상이다.

역사 속에서 이 사상은 동아시아에 널리 확산되어 각 나라와 지역에 뿌리를 내려 하나의 사고방식으로 자리했다. 게다가 이는 종교도 아니고 과학도 아니다. 그렇지만 현재를 살고 있는 우리의 시각과 관점으로 보더라도 이 사상은 더할 나위 없이 정연하며, 그런 만큼 매력적이지 않을 수 없다.

덧붙여 말하자면 지금 음양 사상이라는 다소 난해하고 거창한 표현을 쓴 데는 그만한 이유가 있다. 이 사상이 동아시아 내에 전파되는 과정에서 각각 다르게 변화했기 때문이다.

중국과 대만에서는 '음양오행설'이라고 하며, 일본에서는 '음양도' 그리고 한국에서는 '풍수'라고 일컫는다.

각각 중점을 두는 대상은 다르지만, 근본적인 사고방식은 동일하다. 다만 오늘날에 이르러 그 모습이 크게 달라져 있기 때문에 자칫 초자연적인 현상으로 인식할 오해의 위험성이 있다. 그래서 이 책에서는 동아시아의 근본 원리를 모두 뭉뚱그려 '음양 사상'이라고 부르기로 하겠다.

그러면 먼저 전통적인 설명부터 다시 고찰해보기로 하자.

최근 일본에서는 아베노 세이메이安倍晴明라는 음양사陰陽師가 매우 인기를 끌고 있다. 이렇게 말하면 다소 실례겠지만 그의 인기에 편승해 많은 책들이 출간되었는데, 그 중 도야 마나부戸矢学가 쓴 《음양도란 무엇인가-일본의 역사를 속박하는 신비한 원리》라는 책에는 다음과 같은 내용이 기술되어 있다.

> 일본에 존재하는 음양도란 정확하게 말하자면 주술과 과학이 표리일체를 이루는 원리 시스템이다. 중국 고유의 도교와 일본 고유의 고신

도가 융합하고 밀교와 수험도도 받아들여 생성·발전한 사상이다. 지금부터 약 1500년 전부터 존재했다고 한다. 그 후 정치, 종교, 문화를 포함하는 일본의 역사는 음양도와 밀접하게 관계를 맺었다. 따라서 음양도를 연구하지 않고는 일본의 역사를 해석할 수 없다고 하겠다. 그렇지만 음양도에 관한 연구는 그 역사가 매우 짧고, 게다가 연구하는 사람도 적어 극히 최근까지도 음양도의 대전제가 잘못 해석되었다. 요컨대 '음양도는 중국에서 완성된 사상이며, 일본의 음양도는 중국의 음양도를 들여온 것'이라는 오해였다.

다시 말해서 중국에서 지칭하는 음양은 일본에 존재하는 '도'의 성격을 지닌 그것과는 사뭇 다르다는 뜻이다. 일본의 고대 역사에 대해서는 뒤에 더 자세히 고찰하기로 하고, 먼저 본산인 중국에서 이 사상이 최초로 주창되었던 것은 언제인지 살펴보도록 하자.

사실 이 기원에 관한 문제를 논하기란 자못 까다롭기도 하고 조심스러운 부분도 있다. 왜냐하면 중국 내에서도 그 기원을 은대(기원전 17세기경~동 1046년)라고 하는 설과, 춘추전국시대(기원전 770~동 221년)라고 하는 설이 격렬하게 대립하고 있기 때문이다.

여기서는 그런 전문적인 논의는 하지 않겠지만, 이노우에 사토시井上聰의 《고대 중국 음양오행 연구》에 따르면 "음양 개념은 순환적인 것으로서 주로 역법과 숫자 속에 존재"했으며, 춘추전국시대 전부터 서서히 형성되었다는 주장이 있었다는 사실을 지적하고자 한다. 원래 햇빛에 비쳐지는 부분과 그렇지 않은 부분이라는 의미밖에

**그림 4** 음양을 표시하는 태극도

***태극도**: 송대의 학자 주돈이가 만든 도형으로, 우주의 근본과 만물이 발전하는 이치를 도해로 밝혔다. 우주의 근본인 태극이 음양을 낳고, 음양이 오행으로 분화하며, 오행의 정精이 응결해 만물을 만든다는 원리가 원형의 그림으로 제시되어 있다. (역자 주)

없었던 단어인 음양에 역경, 즉 주역에서 말하는 순환 사상과 '기'의 사상이 서서히 합쳐져서 음양 사상이 성립되었다.

다소 이야기의 순서가 뒤바뀐 것 같긴 하지만, 역경에서 말하는 음양이란 모든 존재를 음과 양이라고 하는 서로 대립하는 요소로 환원해서 파악하는 사고방식이며, 동시에 사물을 분류하는 원리가 되고 있다.

이와 동일한 사고방식을 목木·화火·토土·금金·수水로 확대한 게 오행설이다. 그리고 일반적으로 이 둘을 합쳐서 '음양오행설'이

**그림 5** 오행의 상생과 상극

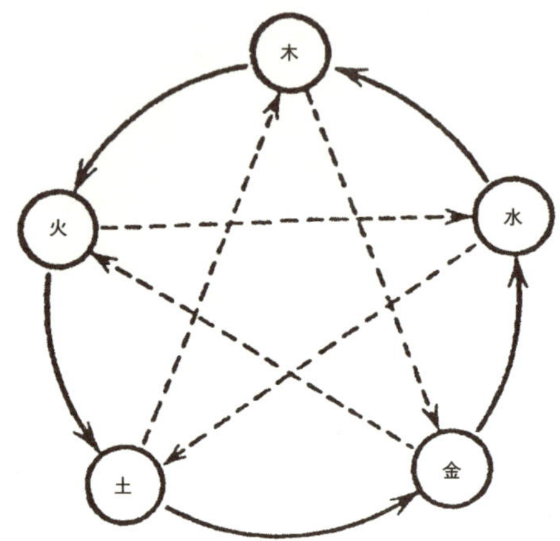


*실선은 상생을 표시하며, 점선은 상극을 표시한다. (역자 주)

라고 부른다.

오행설을 구성하는 원리는 두 가지다. 상대를 낳는다는 의미인 '상생'과 상대를 제압한다는 의미의 '상극'이다. 그리고 앞서 언급한 다섯 개의 사물을 다음과 같이 설명한다.

- 木-나무는 불에 타므로 불을 생산한다.
- 火-불에 탄 후 남은 재는 흙이 되므로 불은 흙의 원소를 낳는다.
- 土-흙층 속에 광물질이 생겨 금속을 만든다.
- 金-금속은 고열에 녹아 수분을 지니게 되므로 물을 생성한다.

• 水－물은 시든 나무에 수분을 주므로 나무를 생산한다.

중요한 사실은 이 책에서 말하는 음양 사상이 한편으로는 상호보완적인 구조(음과 양)를 전제로 하고 있으며, 다른 한편으로는 순환론적인 구조(목, 화, 토, 금, 수)도 포함하고 있다는 점이다. 세상은 '음'만으로는 결코 이뤄지지 않으며, 당연히 '양'만으로도 이뤄질 수 없다. 음과 양이 함께 존재하기 때문에 비로소 전체가 존재한다.

게다가 단순한 이원론이 성립하지도 않는다. 다섯 개의 사물로 대표되는 세상은 순환하고 있으며, 그것들 또한 상부상조하는 관계를 유지하고 있다. 단지 머릿속으로 이해하는 것 이상으로 물리학적인 의미에서 그렇게 되어 있다.

지금까지 설명한 내용은 음양 사상에서 말하는 기초 중의 기초다. 그런데 이런 사고방식은 처음부터 윤리관과 결부되어 있지는 않았다. 이른바 있는 그대로의 세상이 전부라고 인식했다.

이 같은 상황이 크게 변화하기 시작했는데, 바로 진시황제의 등장 때부터다. 그때까지 중국에서 위정자는 왕이라고 불렸다. 그러나 시황제는 이름 그대로 최초로 황제를 자칭했다. 그리고 이 황제라는 호칭은 우주 만물을 다스리는 자인 천제와 땅위의 군주(천자, 황제)를 동일시하는 사고방식을 낳았다.

실제로 시황제는 기원전 219년 천자로서 상제를 모시는 '봉선 의식'을 거행했다. 그것에 의해 우주의 절대 신에 동화해 불멸의 존재가 되는 것을 열렬하게 기원했던 것이다.

그럼으로써 음양 사상은 지배자의 이데올로기로 바뀌었다. 유학자들이 황제로 하여금 하늘의 명을 따르게 하고, 그 윤리적 의의를 부여하기 위해 음양오행설에 유래하는 서적 및 장래의 길흉을 기록한 예언서인 도참을 사용하기 시작했기 때문이다.

그 후 음양오행설은 도교 및 불교 등을 함께 받아들이면서 중국의 피가 되고 살이 되었다. 그리고 그것은 다양한 국면에서 당시 위정자들의 삶에 영향을 미쳐 중국의 역사를 움직였다.

## 일본 고대 통치 수단으로서의 음양도

그러면 대륙에서 발전한 음양 사상이 어떻게 해서 바다 건너 일본에까지 전래되었을까? 지금부터 그 전파된 흐름을 살펴보기로 하자.

513년(백제 무령왕 13년) 한반도 백제의 오경박사들이 잇따라 일본을 찾았다. 오경박사란 한나라 때 정비된 다섯 경서인 시詩, 서書, 주역周易, 예기禮記, 춘추春秋를 가르치는 관직이었다.

그리고 이 장에서 주목하고 있는 음양 사상이 역경(주역)에 기록되어 있다는 것은 이미 앞서 언급했다. 이 음양 사상을 가르치는 스승들이 특별히 일본을 방문한 이 시점을 일본에 음양 사상이 전파되기 시작한 출발점이라고 볼 수 있다.

그 후 일본은 이 새로운 사상을 열심히 습득했다. 주로 백제의 승려들이 이를 전수했는데, 이들에게서 가장 영향을 많이 받은 사람이 일본인이라면 모르는 사람이 없는 쇼토쿠聖德 태자다.

6세기 후반부터 7세기 전반에 거쳐 고대 일본을 통치한 쇼토쿠 태자는 국가의 근대화를 도모하고자 '17조 헌법'을 제정했다. 이 '17'이라는 숫자는 음을 나타내는 8(짝수)과 양을 나타내는 9(홀수)의 합을 뜻한다.

또한 쇼토쿠 태자는 국가 관료들의 서열을 정하기 위해 '관위 12계'를 제정했다. 그 순위를 정할 때 사용된 덕목은 '덕인예신의지德仁禮信義智'였는데, 이는 유교에서 보편적으로 사용하는 '덕인의례지신'의 순서와는 조금 다르다. 여기에도 오행설의 영향이 강하게 작용했다는 게 전문가들의 견해다.

시각을 바꿔 당시 일본을 둘러싼 국제 정세를 살펴보면 정확하게 동란의 시대였다. 한쪽에는 대국인 당唐과 동맹관계를 맺은 한반도의 민첩한 국가 신라가 포진해 있었다. 다른 한쪽에는 마찬가지로 한반도에서 고구려와 백제가 동맹관계를 맺어 대치하고 있었다. 일본은 그 두 동맹관계와 균형을 제대로 유지하지 못하면 순식간에 전쟁에 휘말릴 위험을 안고 있었다.

그런데 일본 내에는 아직도 족벌 세력이 활개를 치고 있어서 국가라고 하기에는 변변치 못한 상황에 놓여 있었다. 그때 등장한 사람이 쇼토쿠 태자였다.

그는 서로 화합하는 게 가장 중요하다는 불교의 가르침을 받아들여 일본 내에서 화합을 추진했다. 그리고 다른 한편으로는 그 화합과 떼려야 뗄 수 없는 음양오행설을 통해 국가의 질서를 세우고자 했다. 이 사실로부터도 음양 사상이 일본 내에 일찍부터 침투되었다는 사실을 알 수 있다.

그러나 쇼토쿠 태자의 이 같은 바람은 이내 무색해지고 말았다. 그가 타계하자 일본은 동란의 시대에 돌입한 것이다. 663년 일본은 백제 군대와 함께 백마강(부여군 부근을 흐르는 금강의 하류 구간)에서 나당연합군과 전투를 벌이지만 어이없게 참패해 도주하고 만다. 대륙의 거대한 동맹 세력에 패배한 일본은 국가의 존망이 위태로운 상황으로까지 몰리게 된다.

그러던 차, 672년 고대 일본 최대 내란인 진신壬申의 난이 발생했다. 덴지天智 천황의 아들인 오오토모大友 태자를 덴지 천황의 동생인 오오아마노大海人 왕자(덴무 천황)가 습격함으로써 골육상쟁을 벌인 끝에 오오아마노 왕자가 승리했다. 그때 승리의 깃발을 올린 오오아마노, 즉 덴무 천황天武天皇은 강력한 리더십을 발휘해 나라를 통치하기 시작했다.

실은 이때 다시 전면에 대두하기 시작한 게 이미 일본 내에서 음양도로 정착된 음양 사상이었다. 특히 덴무 천황은 국가 관료제의 하나로서 천문과 역법을 담당하는 기구인 음양료를 설치하고, 별을 이용해 국가의 흥망성쇠와 자연의 변화를 점치는 점성대도 설치했다.

이는 음양도가 드디어 국가에 의해 독점되고 있다는 것을 의미했다. 덧붙여 말하면 덴무 천황 스스로가 오늘날 말하는 음양사였다는 지적이다. 왜냐하면 《일본서기》에 "천문둔갑(점성술과 방위술)에 능통했다."라고 기술되어 있기 때문이다.

이처럼 그는 스스로 기술과 능력을 지니고 있었기 때문에, 다른 사람들이 그것을 남용해 애써 구축한 황실을 중심으로 하는 새로운 국가 시스템에 금이 가는 것을 두려워했을 것이다.

이 같은 국가 독점의 아성으로 세워진 게 바로 음양료인데, 이것의 주된 역할은 하늘의 뜻을 살피는 데 있었다. 그리고 그 역할을 수행하는 사람을 일컬어 천문 박사라고 했다. 천문 박사는 당해 지위에 있는 자가 별을 관찰하다가 이상한 변화를 발견하면 천황에게 직접 보고하도록 되어 있었는데, 그것이 바로 천문밀진天文密奏이었다.

당시 천문 박사는 다음의 세 가지를 중점적으로 관찰했다고 전해진다.

- 지구에서 봤을 때 행성이 쏠려 있는지 주시한다.
- 초승달인지 보름달인지 주시한다.
- 지구를 포함해 태양에서부터 화성까지 행성이 직렬을 이루고 있는지 주시한다.

즉, 지구를 둘러싼 행성과 위성의 상황을 통해 서로 끌어당기는 인력attractive force이 어떻게 작용하는지를 산출하고자 한 셈이다. 특히 행성이 일렬로 나란하게 서는 행성 직렬은 지구 전체적으로 가장 부하가 많이 걸린다고 생각했다(그 결과 지진 등의 천재지변이 일어남).

그리고 삭망이란, 달이라는 하나의 실체가 어느 지점에서 '비치는 부분(양)'이 생기고 '가려지는 부분(음)'이 생기는 것을 말한다. 그러나 어디까지나 달은 하나다. 그러니까 서로 대립하는 것처럼 보이면서도 서로 떠받치고 있다는 것을 알려주는 존재, 그것이 바로 달이다.

어쨌든 음양도란 이미 그 단계에서 단순한 주술을 초월한 훌륭한 천문학이자 지진 예측학이었다. 음양 사상이 단순한 관념론이 아니라 더욱 거대한 의미를 지녔다고 단언하는 이유 가운데 하나가 여기에 있다.

게다가 고대 일본에서의 음양 사상은 점차 현실 세계와 이어져, 공공사업이나 토목건축 등의 보다 밀접한 형태로 발전했다.

그 가운데 하나가 지토持統 천황 시절 시작된 이세신궁伊勢神宮의 이전이다. 천궁이라고도 불리는 이 행사는 20년마다 한 번씩 거행되는 대축제인데, 그때마다 정전을 옮기는 대형 사업이기도 하다. 690년부터 시작되어 이미 61회나 진행되었다. 다음 행사는 2013년에 진행된다.[10]

신궁의 영원성을 실현하는 거대한 프로젝트로 알려진 천궁은 일단 신사를 허물고 다른 장소에 다시 세운다는 의미에서 재생을 연출하는 것이었다. 물론 그 일을 담당하는 건축 관계자들도 교체한다. 사람도, 신사도 생겨났다가 사라지고 다시 생겨난다. 여기에도 역시 달의 삭망처럼 음양 사상이 흐르고 있다.

이와 같이 고대 일본에서 오늘날의 공공건축과 같은 형태의 음양 사상이 나타났던 것은 천궁이 최초가 아니었다. 그보다 훨씬 이전 역대 천황들이 묻힌 천황릉에는 이미 고대 중국에서 전래된 풍수 사상이 침투해 있었다.

그와 같은 연구를 거듭해온 기타무라 다카시來村多加史 교수는 《풍수와 천황릉》이라는 자신의 저서를 통해 다음과 같이 말한다.

> 약 6세기부터 그때까지 없었던 입지를 지니는 고분이 출현했고, 7세기 아스카飛鳥 시대(538~710년)에는 중국의 남조 능묘와 유사한 선지選地가 발견되었다. 따라서 나라奈良 시대(710~794년) 이후에도 화장묘와 천황릉 일부에 감여술을 느끼게 하는 부분이 있다. 말하자면 일본의 고분이나 능묘에도 감여술의 영향이 잠재해 있을 가능성이 높은데, 그 시점에서 일본의 묘제와 장제에 관한 논리를 전개할 수 있다는 것이다.

감여술은 다른 말로 풍수라고도 한다. 사람이 숨을 거두었을 때 어디에 묻어야 하는지를 남아 있는 자손의 길흉이라는 관점에서 체계화해놓은 지식을 가리킨다.

그리고 감여술에서 가장 중시하는 게 '기氣'의 흐름이다. 왜냐하면 무덤을 만들어 망자를 매장할 경우, 생기가 흐르고 있는 급소를 골라내야 하기 때문이다.

이 풍수 사상에 대해서는 나중에 좀더 자세히 고찰하기로 하자. 여기서 먼저 짚고 넘어가야 할 문제는, 고대 중국과 그리고 일본에서 감여술을 지닌 사람들이 그야말로 혈안이 되어 찾았던 것은 진정한 기가 분출된다고 여겨지는 지점(용혈)이었다는 사실이다. 그리고

**그림 6** 고분의 선지 모식도

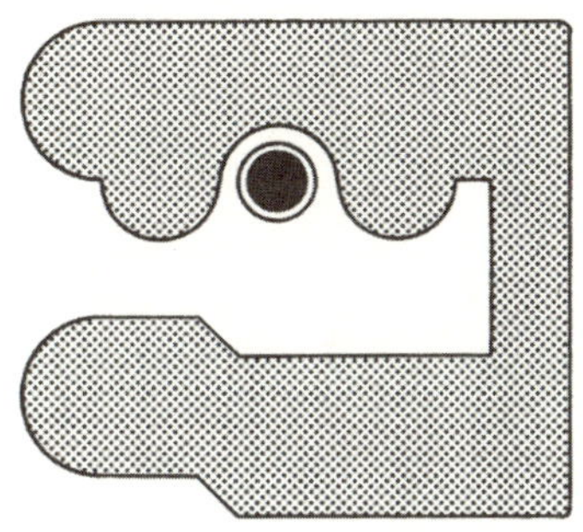

**계곡 측면부 밀착형**
- 동서남북으로 뻗은 계곡의 북쪽 경사면에 고분을 쌓은 것
- 고분 좌우에 짧은 능선이 돌출되어 있는 게 많음

예 : 조메이 천황(사쿠라이 시)
미네즈카 고분(덴리 시)

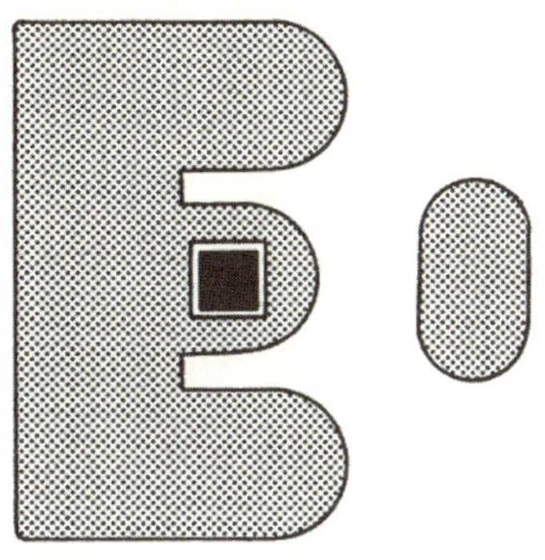

**E자형**
- 고분을 쌓은 능선 좌우에 약간 긴 능선이 돌출한 것
- 전방에 작은 언덕이 솟아오른 것도 있음

예 : 이와야야마 고분(아스카무라)
구사하카 고분(사쿠라이 시)

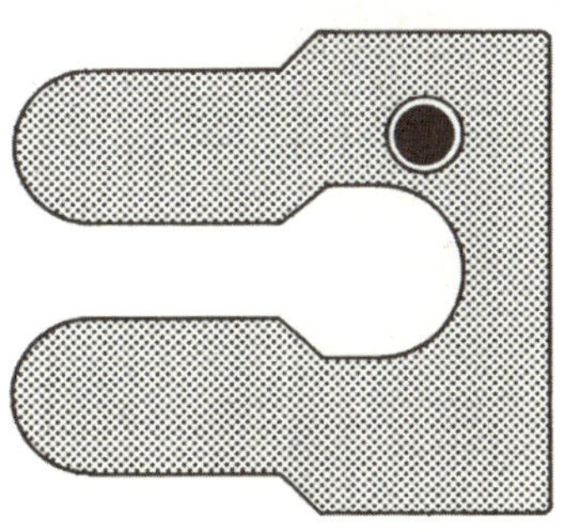

**계곡 심층부 밀착형**
- 계곡 속 경사면에 쌓은 고분
- 고분 위치를 북쪽으로 접근시켜 남쪽 공간을 넓게 취하는 게 많음

예 : 다카마쓰즈카 고분(아스카무라)
미네즈카 고분(덴리 시)

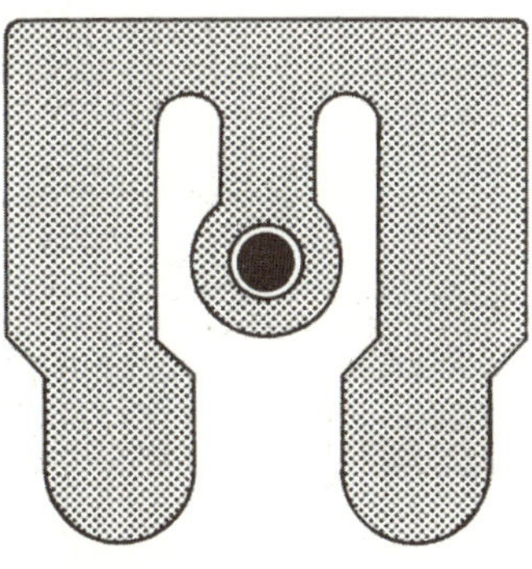

**곡 심층부 돌출형**
- 계곡 속 돌출된 혀 모양의 능선에 쌓은 고분
- E자형보다도 계곡 안이 깊어 에워싸여 있다는 인상이 강함

예 : 요라쿠칸스즈카 고분(다카토리초)
덴무 · 지토 천황릉(아스카무라)

**출처 : 기타무라 다카시, 《풍수와 천황릉》**

그것은 나라는 다를지언정 패자(황제, 천황)들을 묻은 능묘의 위치나 형태를 통해 파악할 수 있다는 것이었다.

그 후 일본에서는 음양 사상이 절정기를 맞이했다. 망자의 장례라는 분야를 초월해 현세에 살고 있는 사람들의 생활 역시 토목건축에 의해 다뤄졌기 때문이다.

이에 대해 일본 역사학회에서 큰 파문을 일으킨 저작물을 발표한 사람이 오사카대 공학부 객원 교수인 중국의 황영융黃永融이었다. 그는 자신의 저서 《풍수 도시－역사 도시의 공간 구성》에서 다음과 같이 기술하고 있다.

> 고대 일본에서 음양 관료(음양료에서 근무하는 음양사)를 파견해 궁도의 지형을 점쳐서 결정한 후지와라쿄, 헤이조쿄, 헤이안쿄 등과 같은 궁도는 공통된 지형적 특징을 지니고 있었다. 구체적으로 말하자면, 일종의 울타리를 친 위요 공간圍繞空間 구조였다.
> 이 위요 지형이란 물리적인 의미에서 완전히 닫힌 공간이 아니라, 어디까지나 음양사의 시각에 의해 판단되었다는 점이 중요하다. 즉, 음양사가 선택한 곳에서 주위 산맥을 바라봤을 때 개의 어금니가 서로 맞물려 있듯이 산맥이 겹쳐 있는 일종의 폐쇄 공간이며, 인간의 시각적 인상에 의해 산이 연이어 솟아 있는 풍경이었다.

그러면 어째서 엄청난 국가 재정을 동원하고 게다가 상당한 위험을 감수하면서까지 '천도'를 거듭했을까? 그 이유는 단지 외부의 공격을 방어하는 목적에만 있지 않았다. 오히려 고대 일본인들은 외국에서 들어온 이 음양 사상에 적합한 토지를 찾기 위해 각지를 돌아다녔다.

그런 의미에서 동아시아에서 가장 이상적인 풍수 명당인 헤이안쿄를 찾아낸 사람들의 기쁨은 더없이 각별했다. 북쪽에 위치해 수도의 등받이가 되는 곳이 다이초大帳였는데, 이곳은 풍수에서 말하는 사신상응(동쪽의 청룡, 서쪽의 백호, 남쪽의 주작, 북쪽의 현무가 잘 어울리는 땅의 형세)의 현무에 해당하며, 거기에는 구라마산鞍馬山이 우뚝 솟아 있었다.

이에 대해 궁성에서 보아 왼쪽에 위치하는 게 우사右砂다. 그곳에는 히에이산比叡山부터 이어지는 히가시야마東山(교토 중심부에서 봤을 때 동쪽에 있는 여러 산들을 지칭하는 말)가 있었고, 사신상응에서 말하는 백호로서의 가모강鴨川이 흐르고 있었다.

그리고 오른쪽에 위치하는 게 좌사左砂다. 마찬가지로 사신상응의 청룡에 해당하는 그곳에는 아타고산愛宕山과 호즈강保津川을 사이에 두고 늘어선 아라시산嵐山이 있었다.

나아가 남쪽에 있는 것은 안산이다. 거기에는 이와시미즈 하치만궁石清水八幡宮이 있는 오토코산男山이 있었다. 그리고 역시 사신상응에서 말하는 주작으로서 오구라 연못巨椋池이 있었다.

이처럼 일본인들은 풍수, 즉 음양 사상에 입각해 선정한 도읍에서 생활하게 된다. 그리고 실제로 교토는 제2차 세계대전 중에도 미국의 폭격에서 벗어나 지금까지도 우아한 도시 경관을 유지하고 있다.

그런 의미에서 교토는 선택받은 도시라고 해도 지나친 말이 아니다.

그러나 이렇게 말하면 고대 시대부터 일본인들은 지나치게 미신에 집착했다는 지적이 따를 수 있다. 사신상응이라고는 하지만 결국은 공상의 산물이며 아무런 근거도 없는 믿음이라고 말이다.

실제로 고대 일본에서 음양 사상은 점술과 토지의 길흉을 점친다는 의미에서 보이지 않는 것에 지나치게 기울어 있다는 지적이 있었다. 예를 들면 8세기 무렵의 당나라와 비교해보면, 일본에서는 음양료 내의 천문과 물시계 부서에서 일하는 관리의 수가 무려 수십 배나 많았다. 게다가 이들은 독립된 부서의 형태를 유지했다.

당시 천문과 물시계는 거대한 시설을 이용해야 했다. 게다가 그것들이 오늘날의 자연과학으로 이어졌다는 점을 고려하면, 오히려 고대 일본 자체가 뒤처져 있거나 균형을 이루지 못하고 기울어져 있었다고 말할 수 있다.

그러나 그들의 지적과는 달리 실제로는 정반대였다. 왜냐하면 앞에서 언급한 사신상응이란 과학적인 관점에서 볼 때 이치에 맞는 것이기 때문이다.

북쪽(현무)에 산이 있고, 남쪽(주작)에 물(연못, 강)이 있다고 가정해보자. 이는 땅이 남쪽을 향해 경사진 면에 위치해 있어서 볕이 잘 든다는 것을 의미한다.

또 북쪽에 우뚝 솟은 산은 북풍을 차단한다. 그리고 남쪽에 있는 물은 여름이 되면 남풍으로 변해 시원한 바람을 실어온다.

게다가 이와 같이 수분이 남풍을 타고 북쪽에 있는 산으로 흘러가

**그림 7** 사신상응에서 일어나는 대기 순환 개념도

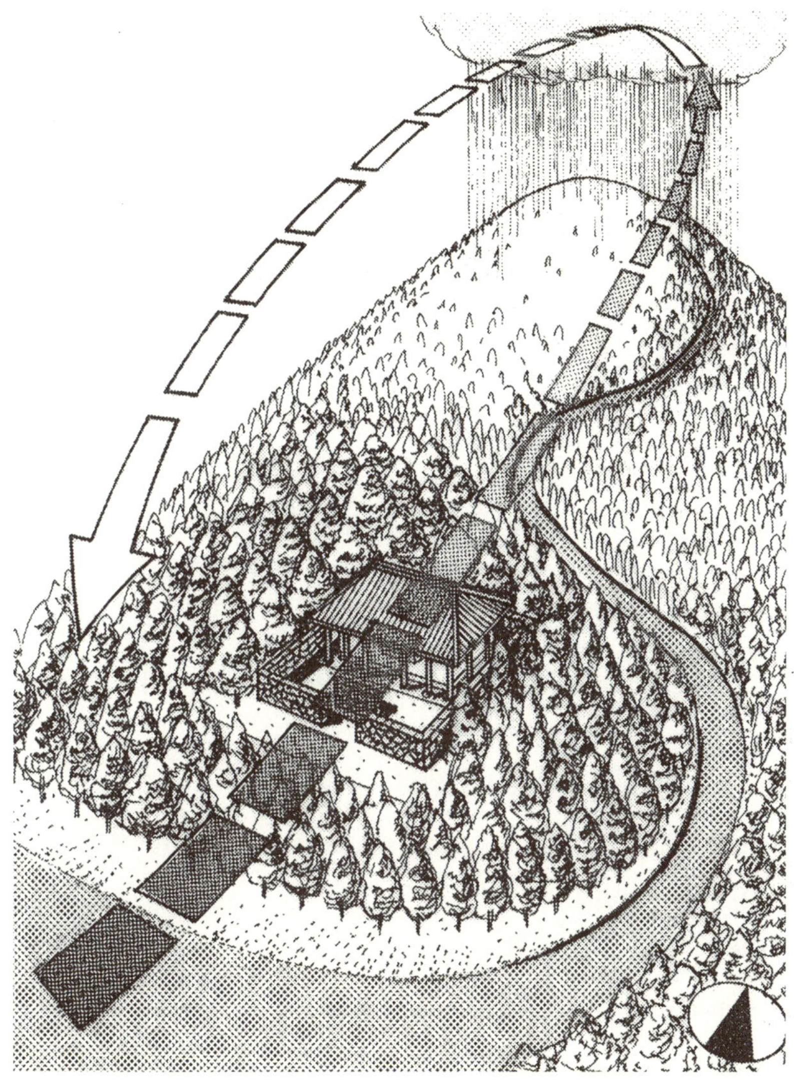

출처 : 미야모토 겐지, 《에도 시대의 음양사》

면, 이 수분이 비로 바뀌어 북쪽에 있는 산에 내리게 된다. 그 때문에 인간이 살고 있는 곳에 호우가 발생한 적은 전혀 없으며, 산과 들에는 수목이 무성하고 풍부한 토양이 강으로 흘러들어옴으로써 기름진 논과 밭이 형성되는 것이다.

말하자면 그렇다는 것이다. 눈에 보이지 않는 것을 관찰하고 판단하는 음양사들을 보면 자칫 미신에 빠져 있는 사람처럼 느낄 수 있다. 그러나 실제로 그들이 판단하고 선택하는 입지는 대자연이 만들어내는 순환 구조 구축을 가능하게 하는 장소였다.

그리고 그런 순환 구조에서는 모든 게 움직이면서 때로는 대립하는 것처럼 보이기도 하지만, 서로 보완하는 관계이기도 하다. 그야말로 음양 사상이 그대로 현실이 되는 셈이다.

이처럼 일본에서는 고대 시대부터 통치자인 천황이 음양 사상을 통치의 수단으로 삼아왔다. 게다가 이런 사상은 토목건축을 통해 일상생활에 깊이 침투함으로써 그야말로 사람들의 생활과 그것의 결실인 일본 문화 속에 자연스럽게 스며들었다.

하지만 이렇게 단언하면, 고대 일본의 도읍이 항상 음양 사상에 입각했다는 주장은 맞지 않는다는 일본 사학자들의 강한 반박에 부딪힐지도 모른다.

예를 들면 교토 산업대학의 이노우에 미쓰오井上満郎 교수가 쓴 《헤이안쿄와 풍수-도성 설정 원리와 풍수 사상의 관계》라는 책에 기술되어 있는 다음과 같은 내용이 바로 그렇다.

고대 일본의 도성은 60군데 가량 있었다. 당해 천황의 실존 등에 의문이 제기될 수도 있어서 이들 도성에 대해 검토하기란 쉽지 않지만, 일본 최초의 도성은 나라현의 사쿠라이시 주변이라고 추정된다. 물론 그 중에는 실제로 존재하지 않는 것도 있어서 일률적으로 논할 수는 없다. 그렇지만 사쿠라이시 주변의 지리적 환경을 보면 남쪽과 동쪽이 막혀 있고 북쪽과 서쪽이 확 트인 지형을 이루고 있어서 풍수 사상에 적합한 지리적 환경이 아니었다. 풍수 사상에 입각해 도읍지를 정했다는 기록은 없었으며 또한 그렇다고 주장하는 학설도 없었다.

그 후 이노우에 교수는 헤이안쿄 터가 음양도와 전혀 관계없이 결정되었음을 입증하고자 노력했다. 그러나 현실적으로 지형을 보면 사신상응에 해당하는 오늘날의 교토 땅이 음양도와 무관하다고 하기에는 문외한이 보아도 상당한 무리가 따른다.

게다가 음양 사상이 원래 다른 나라에서 전래되었다는 점을 고려하면, 그것은 서서히 침투했으며 게다가 통치자의 입장에서 편리할 때 원용되었을 가능성조차 충분히 있었다. 그런 의미에서 천도의 논리를 초월해 일본 문화 자체에서 음양 사상을 배제하기란 도저히 불가능하다.

하지만 음양 사상이 궁중에서 권모술수를 부리기에 편리한 수단에 지나지 않는다고 단언하는 것 또한 지나치기 그지없다. 그보다 음양 사상은 천황과 이를 둘러싼 주변에서 생각에 생각을 거듭한 것이었다는 사실이 최근 들어 밝혀지고 있다.

쇼무 천황聖武天皇 시절에 보물을 보관하던 사찰인 쇼소인正倉院에서 사라져 약 1250년 동안 행방불명되었던 음양검 한 쌍이 2010년 10월에 발견되었다. 당시 건립된 도다이지東大寺(일본 화엄종 사찰) 기둥 밑에 묻혀 있었다.

"도대체 누가 무엇 때문에 그런 곳에 음양검을 묻었을까?"

사학자들이 일제히 술렁거렸다. 그리고 오랜 논의 끝에 다음과 같은 결론을 도출했다.

"타계한 쇼무 천황의 보물을 반출할 수 있는 사람은 아내인 고묘光明 황후뿐이었다. 천황과 황후는 나이도 비슷하고 잉꼬부부였다. 사랑하던 남편의 죽음을 슬퍼하던 황후가 자신의 권유로 남편이 세워 준 동대사 기둥 밑에 영원한 부부라는 증거로서 음양검 한 쌍을 묻었을 것이다."[11]

즉 '음양'이라는 사고는 당시부터 이미 일본을 통치하는 자에게 있어서는 피와 살이었던 것이다.

## 국가 권력과 일본 문화의 피와 살

다시 본론으로 돌아가 음양도에 대해 이야기해보자. 음양도란 원래 국가가 통치를 위해 독점한 것이지, 사적으로 이용되던 것이 아니었다. 이는 고대 일본에 적용되었던 철칙이다.

그런데 헤이안 시대에 접어들자 그런 철칙도 서서히 느슨해지기 시작했다. 천황과 귀족의 개인생활에 봉사하고, 금기와 물괴(괴상하게 생긴 것)를 강조했으며, 복점을 난발해 영역을 넓혀 천신지기 등 다른 분야에도 진출했기 때문이었다. 그 결과 음양도는 귀족들 사이에 유행처럼 번져나가 마치 하나의 교양으로 받아들여지기까지 했다.

그리고 또 하나, 당시 음양도에 커다란 변화가 일어났는데, 일본 내에서 오직 음양도만을 생업으로 삼는 이른바 종가宗家라고 할 수 있는 가문이 등장한 것이다.

역대 천황들의 측근으로 활약했던 음양료의 리더 가운데는 하타秦나 미요시三善 같은 백제인들이 많았다. 그런데 10세기 후반이 되자 그 같은 백제인들을 압도할 만큼 두각을 나타내는 음양사가 등장했다. 바로 가모노 다다유키賀茂忠行라는 인물이었다.

그때부터 음양사 가문인 '가모 가문'이 생겨나기 시작했는데, 이와 동시에 음양사 가문으로서 번창하기 시작한 또 다른 가문이 있었다. 바로 아베노 세이메이安倍晴明라는 이름으로 널리 알려진 '아베 가문' 이었다.

얼마 지나지 않아 아베 가문은 가모 가문을 압도하기에 이른다. 그렇다면 오늘날에도 일본에서 영웅으로 추앙받으며 영화와 TV에 자주 등장하는 음양사인 아베노 세이메이는 대체 어떤 사람인가? 헤이안 시대 문학의 고전 중에서도 고전으로 꼽히는 역사책인 《오오카가미》를 보면 다음과 같은 내용이 기술되어 있다.

> 후지와라노 가네이에藤原兼家는 자신의 딸인 센시栓子가 엔유円融 천황의 후궁이 되어 낳은 야스히토雍仁 친왕(훗날의 이치조一條 천황)이 가잔花山 천황의 황태자가 되자, 하루라도 빨리 야스히토가 즉위하기를 기대했다. 그때 총애하던 후궁이 사망한 탓에 가잔 천황이 슬픔에 잠긴 것을 보고, 자신의 아들인 후지와라노 미치카네藤原道兼에게 양위를 한 다음 출가하도록 권했다. 미치카네는 교묘한 말로 열아홉 살 된 가잔 천황을 속여 야음을 틈타 간케이지元慶寺로 데려가 머리를 깎게 하고, 자신도 출가를 했다고 거짓말을 한 다음 달아났다. (중략)

가잔 천황이 궁궐을 나서 상동문上東門 밖 동쪽으로 쓰치미카도土御門 대로를 가로질러 원경사로 서둘러가고 있었다. 도중에 쓰치미카도 대로와 마주보면서 니시노토인西洞院 대로의 동쪽에 있던 아베노 세이메이의 집 앞을 지날 때였다. 세이메이가 몇 번이나 손뼉을 치면서 양위가 이뤄질 예정이니 빨리 입궐할 준비를 하라고 외치는 소리가 들렸다. 세이메이가 집을 나설 때 식신式神 한 명에게 따라오라고 명하자, 눈에 보이지 않는 자가 문을 열고 나와 '마침 천황이 지금 이곳을 지나가실 것 같다'고 대답했다.

오늘날의 표현을 빌리자면, 음양사 아베노 세이메이는 별을 보는 것만으로도 은밀하게 쿠데타가 일어나고 있음을 예지한 것이다. 두말할 필요가 없는 입신의 경지였다.

참고로 식신이란 음양사의 명령에 따라 마음대로 모습을 바꾸면서 신기한 재주를 부리는 정령을 의미한다. 아베노 세이메이에게 식신은 이른바 정예부대며, 모든 게 식신의 힘에 의해 가능했다고 한다.

이러한 일화는 얼핏 보면 음양사가 엔터테인먼트 영역에 속한다는 느낌조차 든다. 그러나 음양사 아베노 세이메이는 공상이 아니라, 확실한 근거를 가지고 음양 사상을 실천한 인물이었다.

예를 들면 도야 마나부라는 학자는 아베노 세이메이가 천문학에 통달한 사람이었다는 점을 강조했다. 사실 아베노 세이메이는 음양료 내에서도 천문 우등생으로 선발되었다. 지금으로 비유하자면 엘리트 중의 엘리트였던 셈이다.

그 후 아베노 세이메이는 15년 이상이나 천문학 박사로 재직한다. 음양료 내에서도 천문학에 관한 한 최고의 지위였던 것이다. 뿐만 아니라 천문학 박사가 천황에게 직접 자문을 하는 특수한 지위에 있었다는 것은 앞서 이미 언급한 바 있다. 아베노 세이메이는 단순한 신비주의자가 아니라 국가 권력의 핵심으로 활약했던 인물이다.

그러면 이 천문학 박사는 별을 보고서 어떻게 천재지변을 예측할 수 있었을까? 그 이유는 역시 앞에서 설명한 것처럼, 천체가 늘어선 모양을 보고 인력이라는 관점에서 천체가 지구에 어떤 영향을 미치고 있는지를 판단하는 것이다.

그 후 시대가 지나면서 국가 권력의 중심이 천황에게서 섭정(후지와라 가문)으로 넘어간다. 음양사의 종가도 이 섭정에게 복종함으로써 부귀영화를 누리게 된다.

한편 당시 헤이안 불교 역시 음양도에 접근했다. 원래 음양 사상이 전래될 당시 그것은 승려들에 의해 보급되었다. 그러나 천황이 국가 권력을 강화하기 위해 음양 사상을 수용해 음양료를 만들면서부터 흐름이 완전히 바뀌기 시작했다.

그러나 그런 흐름에 역행이라도 하듯이 음양도 자체를 집어삼킬 듯한 기세를 보이기 시작한 게 바로 '밀교'였다. 천태종의 대밀台密, 그리고 진언종의 동밀東密은 각각 음양도를 적극적으로 받아들여 세속화를 추진하면서 영향력을 넓혀갔다.

이에 대해 음양도도 밀교가 지닌 주술적인 기법을 적극적으로 흡수했다. 왜냐하면 그렇게 함으로써 무언가 이점을 얻을 수 있었기 때문이다. 그 배경에 대해 학자 무라야마 슈이치村山修一는 《일본 음양도사 총설》이라는 저서에서 다음과 같이 기술하고 있다.

> 당시(헤이안 시대 말기) 혼란스러운 정치적 국면과 전대미문의 초대형 화재 발생으로 말미암아 일본 전체가 심각한 공황 상태에 빠졌다. 관료적 음양사들도 궁궐 봉사를 통해 안일을 누리는 게 무의미했다. 널리 일반 사회의 움직임에도 대응해야 하는 때가 왔던 것이다. 궁궐 봉사는 음양사의 과거 영광을 상징하는 데 지나지 않았다. 새로운 시대로의 활로는 폐쇄된 궁궐에서 박차고 나오는 것이었다.

11세기 후반부터 12세기 전반에 걸쳐 세상은 귀족들이 주도하는 우아한 시대에서, 원래는 귀족들의 고용인에 지나지 않았던 무사들이 주도하는 실력 지배 시대로 바뀌고 있었다. 후원자를 잃은 음양사들은 품위를 버리고 거리로 나가야만 했다.

그런데 그때 운이 좋게도 상황이 음양사들에게 유리한 방향으로 전개되기 시작했다. 불안에 사로잡힌 사람들이 다양한 종류의 주술에 의지하고자 했던 것이다. 그렇게 해서 밀교가 지닌 주술적인 기법을 적극적으로 흡수한 음양사들은 결정적인 돌파구를 찾을 수 있었다. 그런 의미에서 불교(밀교)는 음양도에 도움을 주었으며, 이를 통해 음양사들은 다음 시대를 향해 나아갈 준비를 하게 되었다.

음양사들은 종가를 필두로 당대의 권력자인 무신 집단에 접근하고자 했다. 무신들도 수도를 점령해 통치할 즈음 음양 사상을 일종의 인습으로서 적극적으로 수용할 필요를 느꼈고, 이에 따라 음양도는 무신 집단에 침투하기 시작했다.

그런가 하면 음양도는 세속 사회에도 서서히 스며들기 시작했다. 종가 내에서도 이에 동참하는 음양사들이 줄을 이었다.

그리고 마침내 군웅이 할거하며 서로 다투던 전국시대에 이르자 종가의 한 축인 가모 가문이 단절되었다. 이에 반해 쓰치미카도土御門로 이름을 바꾼 아베 가문은 겨우 존속하긴 했지만, 영지를 몰수당하고 게다가 도요토미 히데요시豊臣秀吉의 노여움을 사는 바람에 와카사若狹(현재의 후쿠이현)로 추방되고 말았다. 그렇게 해서 궁정 음양도의 역사는 막을 내린다.

그렇다고 해서 이로써 일본에서의 음양 사상이 아예 자취를 감춘 것은 아니다. 오히려 상황은 그와 반대였다. 그때까지 천황, 조정, 또는 무신 집단에 의해 독점되었던 음양 사상이 보다 대중적인 것으로 변화했는데, 말하자면 해금된 셈이었다. 그 결과 음양 사상은 말 그대로 일본 문화의 피가 되고 살이 되었다.

그 대표적인 예라고 할 수 있는 것 중 하나가 일상 회화에서 자주 이용하는 '귀문'이라는 말이다. 이 말은 원래 중국에서 유래되었는데, '북동쪽 구석에 사는 귀신이 출입하는 문으로서, 음양도가 금기시하는 방향'을 뜻한다. 그리고 북동쪽이 나쁜 방향이라고 여기는 사고방식은 중국 고전인 《신이경神異經》 또는 《산해경山海經》에도 잘 나타나 있다.

그리고 오늘날에도 일본에서는 귀문에 해당하는 북동쪽에 화장실 등과 같은 불결한 장소를 설치하는 풍습이 여전히 남아 있다. 이런 단편적인 사실만 보면 단순히 중국에서 전래된 미신을 여전히 믿고 있는 것처럼 보인다.

그러나 이런 점에 대해서도 분명한 근거가 있다고 한다. 귀문(북동쪽) 뒷면은 이귀문(남서쪽)인데, 이 이귀문을 연결한 축(귀문축)을 피해 건물을 지으면 반드시 남동 방향이 된다. 그렇게 건물을 지으면 자연스럽게 가장 무서운 일본의 '여름 저녁 햇빛'을 피할 수 있는 형태가 된다. 이 또한 오늘날의 친환경과 맞닿아 있다고 할 수 있다.

그런데 궁정 음양도가 막을 내린 뒤에도 일본 내에 여전히 남아 있는 이 음양 사상이 나름대로 유지되고 확산되려면 단지 대중적인 형태로 널리 확산되는 데 그쳐서는 안 되었다. 변덕이 심한 사람들은 시대가 편안해지면 무엇이든 곧 잊어버리기 때문이다.

비록 궁정에서는 아니더라도 음양 사상이 국가 권력의 중심에서 나름의 역할을 수행하게 되는 계기를 만나게 되는데, 그것이 바로 밀교였다. 음양도를 받아들여 발전한 밀교는 당시 중세 일본에서 커다란 역할을 수행했다. 그 중에서도 특히 유명한 사람이 천태종 승려로서 도쿠가와 이에야스德川家康에게 발탁된 덴카이天海였다.

공가제법도公家諸法度, 무가제법도武家諸法度 등 오늘날의 헌법에 해당하는 법률을 제정한 곤치인 스덴金地院崇傳과 더불어 도쿠가와 이에야스의 국가 건설을 추진한 지식인이 바로 덴카이였다. 덴카이는 '검정색 옷을 걸친 제상'으로도 널리 알려져 있다.

**그림 8** 에도와 사신상응의 개념도

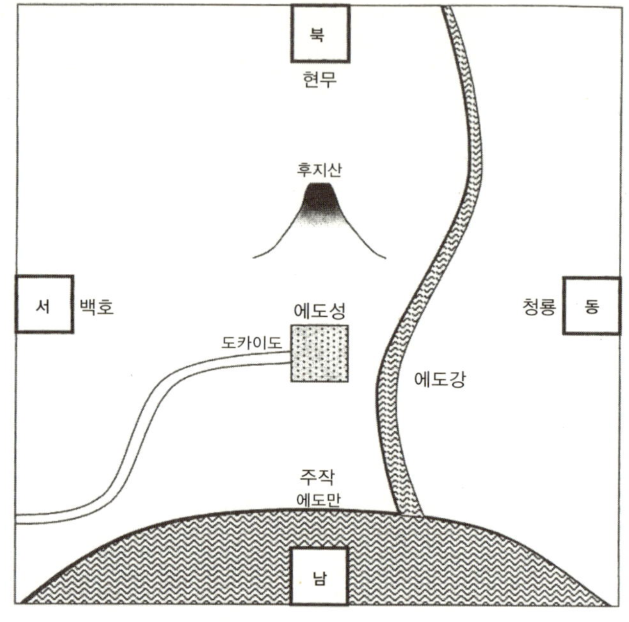


출처 : 미야모토 겐지, 《에도 시대의 음양사》

왜 여기서 덴카이를 언급하느냐 하면, 에도에 막부를 세운 다음 성곽을 건축하기 위해 터를 잡을 때 그가 커다란 역할을 수행했기 때문이다. 또한 음양사이기도 한 덴카이가 선택한 곳이 '혼마루(본체) 대지', 즉 지금의 황거皇居가 있는 도쿄 중심지였다.

그 혼마루 대지는 우에노上野 대지, 혼고本鄉 대지, 오오츠카大塚 대지, 이치가야市ケ谷 대지, 고지마치麴町 대지, 아자부麻布 대지, 시로가네白金 대지라는 일곱 개 대지의 정점을 연결한 연장선상에 위치해 있었다. 음양도에서 말하는 교차 명당형이며, 그 중심은 땅의 기가 매우 높아 문명이 번성한다고 했다.

사실 지금의 황거에서 측정한 지면의 자기磁氣는 약 2가우스gauss로서, 그 바깥쪽보다 두 배 가량 높다고 한다. 자기가 인간의 몸에 어떤 영향을 미치는지는 아직 알려져 있지 않다. 그러나 적어도 그 땅에 성곽을 세운 도쿠가와 막부(에도 막부)가 그 후 260년씩이나 정권을 유지한 것은 명백한 사실이다.

앞서 교토(헤이안쿄)에 대해 고찰하는 대목에서 언급한 사신상응에서는 에도(도쿄의 옛 이름)를 어떻게 생각했을까?(〈그림 8〉 참조)

저 멀리 치솟은 후지산이 현무이고, 에도강이 청룡이며, 도카이도는 백호 그리고 에도만이 주작이다. 방위상으로 보면 다소 무리가 있지만, 일곱 개 대지가 각각 후지산(중국 풍수에서 말하는 전설 속에 등장하는 곤륜산에 해당)을 향해 늘어서 있다고 생각하면 이해가 가능하다.

그렇게 해서 중심(에도성)이 되는 장소가 결정되면 그 다음 해야 할 일이 있는데, 그것은 바로 앞에서 언급한 귀문, 그곳에서 이귀문을 봉쇄하는 것이었다.

그러려면 신사 불각을 세울 필요가 있었다. 그래서 북동쪽을 향해서는 간에이지寬永寺와 간다神田 신사, 센소지淺草寺를 세우고, 남서쪽을 향해서는 히에日枝 신사와 조조지增上寺를 각각 세웠다.

그러나 위와 같이 조성된 에도에 위치한 도쿠가와 막부를 무너뜨리고 새로운 정부를 수립한 메이지 시대는 그야말로 음양 사상이 사라져가는 시대를 알리는 서막이었다고 할 수 있다.

그 증거로서 1870년 메이지 정부는 달이 차고 기우는 현상인 삭망을 기초로 하는 태음력을 폐지하고 태양력을 채택함과 동시에 음양료도 폐지했다. 그 결과 음양 사상은 국가 권력의 중심에서 배척되었다.

참고로 말하자면, 일본의 경우 중세 이후 적군을 공격할 때는 진지에서 봤을 때 귀문 봉쇄가 가능한 방향에서 공격하는 수법을 이용하는 경우가 많았다.

그런 관점에서 볼 때 매우 흥미로운 사실을 발견할 수 있다. 메이지유신이 일어나기 직전 정부군이 1868년 우에노 부근 산에 있던 간에이지寬永寺를 완전히 불태웠다(우에노전쟁). 메이지 시대를 건설한 자일지라도 이미 음양 사상에 젖어 있었기 때문에 그것에서 탈피하고자 했던 실제 사례다.

## 동아시아에 세속화된
## 음양과 풍수

지금까지 중국에서 시작된 음양 사상이 일본에 전파된 과정과 그리고 그것이 일본 내 곳곳에 어떻게 침투했는지를 고찰했다.

지금도 종종 음양사 아베노 세이메이의 붐이 일거나, 특히 여성들 사이에 풍수가 유행하는 것은 어쩌면 일시적인 현상일지도 모른다. 하지만 자신도 모르는 사이에 오랜 동안 몸에 배어 있던 음양 사상이 이 같은 현상으로 나타나는 것으로 해석할 수 있다.

이런 현상을 통해서도 미국식 합리주의 교육을 도입한 선진국임에도 불구하고 여전히 음양 사상이 생활 속에 뿌리 깊이 존재하고 있다는 사실을 확인할 수 있다.

그 중에서도 특히 생활 속 실천이라는 의미에서 보다 명확한 형태로 음양 사상이 남아 있는 지역이 오키나와다. 도쿄대 교수인 와타나베 요시오渡邊欣雄는 바로 이 부분에 대해 집중적으로 연구했다. 그의 저서 《풍수 사상과 동아시아》의 일부를 살펴보자.

> 중국에서 온 유학생들이 전파한 풍수 지식은 처음에는 무사들이, 나중에는 민간 지식인들이 오키나와 각지에 보급했다. 그 결과 오늘날 사람들의 생활 전반에서 매우 큰 비중을 차지하기에 이르렀다. 오키나와 격언에 '자기 마음속에 풍수가 있다(풍수의 길흉 판단처럼 세상 삶의 좋고 나쁨은 자신의 마음에 달려 있다)'는 말이 있는데, 오키나와 사람들에게 풍수 지식은 자신의 인생을 판단하는 데 필요한 고도의 지식처럼 여겨지고 있다. 오키나와 사람들의 정신까지 형성한 풍수 지식은 지난 2~3세기 동안 왕궁, 마을, 묘지, 식수 그리고 가옥과 저택 등 광범위하게 응용되고 확산되었다. (중략)
> 풍수 지식의 응용 범위는 중국의 풍수설에 필적할 뿐만 아니라, 일본 내륙 지방과 마찬가지로 오키나와 특유의 풍수 지식을 형성했다

오키나와에 풍수, 즉 음양 사상이 전파된 시기는 17세기라고 전해지기도 하고, 14세기라고 전해지기도 한다. 일본 내륙 지방에 비하면 훨씬 늦게 전파되었는데, 문제는 거기에 있는 게 아니다. 오히려 오키나와에서는 그 후 음양 사상이 널리 그리고 깊이 침투해 아직도 실생활과 떼려야 뗄 수 없는 관계에 있다는 점이다.

이러한 현상은 오키나와에 특징적으로 나타나는 무덤의 위치와 크기에서도 확인할 수 있다. 이승에 남은 사람들이 충분히 모일 수

그림 9 오키나와의 귀갑묘

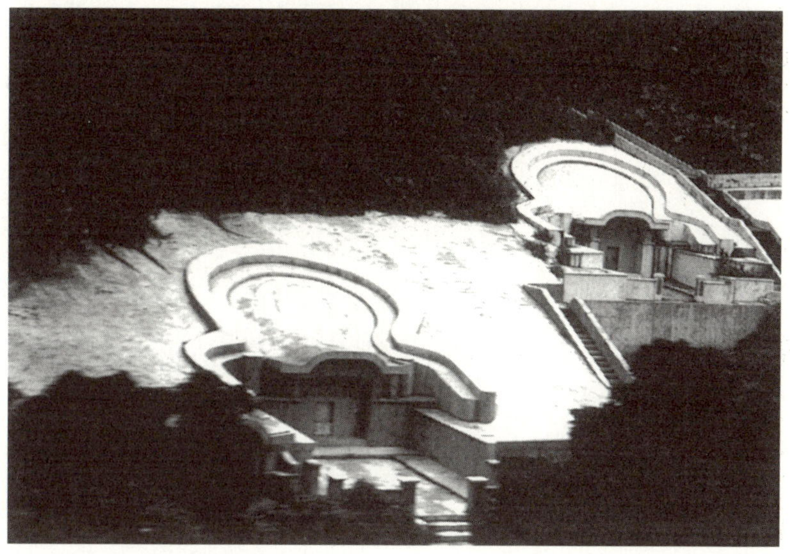

출처 : 와타나베 요시오, 《풍수 사상과 동아시아》

있을 만큼 커다란 규모의 무덤은, 어느 것이든 모두 풍수학적인 면에서 으뜸인 장소였다.

제2차 세계대전 중 일본 내에서는 유일하게 오키나와에서만 지상전이 벌어졌는데, 공교롭게도 여기에는 한 가지 의미가 담겨 있다. 이는 1842년 아편전쟁으로 말미암아 촉발된 서양과 동양 사이의 대결이었다. 게다가 제2차 세계대전이 끝날 무렵 어린 여학생들이 참호 속에서 집단 자결한 사건이 발생했다. '하늘나라 소녀 학도병들의 비극'이라고 일컬은 데서도 상징적으로 나타나듯이, 이 사건은 서양의 동양 압박이라는 비극으로 끝났다.

그러나 오키나와에는 여전히 음양 사상이 남아 있어서 사람들은 숙연하게 이를 따르며 살고 있다. 마침내 G8 정상회의(오키나와 서밋)을 개최할 수 있을 정도로까지 다시 일어선 오키나와의 모습에서 서양 또는 미국과 유럽적인 것에 대항하는 원리인 음양 사상의 강인함을 느낄 수 있다.

그러면 음양 사상 또는 풍수 사상이 널리 확산되었던 나라가 과연 일본뿐이었을까? 그렇지 않다. 음양 사상은 화교와 화인 네트워크를 통해 동남아시아에도 널리 확산되었다.

예를 들면 인도네시아 자바 섬에서는 토지나 주택에 대해 점을 치는 것을 '혼스이'라고 부른다. 이는 중국어인 '펑슈이風水'의 발음과 일치할 뿐만 아니라, 그 점을 치는 기법도 놀랄 만큼 유사하다.

베트남도 마찬가지다. 고대 왕조가 설치한 분묘는 모두 풍수 기법을 통해 만들었다. 이와 같은 상황을 와타나베 요시오는 '동아시아 풍수 문화권'이라고 불렀다. 그러나 풍수라고 하면 아무래도 점 또는 미신이라는 이미지가 강할 수밖에 없다.

게다가 일반적으로 알려져 있는 협의의 풍수란 결국 양택풍수家相든 음택풍수墓相든 기나긴 역사를 거치면서 세속화의 영향을 받은 결과 아무래도 이해득실을 저울질하는 쪽으로 쏠리고 있다.

원래대로라면 동양적인 의미인 지리, 즉 정확한 의미인 풍수란 땅을 살아 있는 것, 동태적인 것, 인간 생활에 직접 영향을 미치는 것, 만물을 둔갑시키는 신비스런 힘을 지닌 길흉화복의 근원이라고 본

**그림 10** 베트남 왕조의 능침도와 풍수 용어

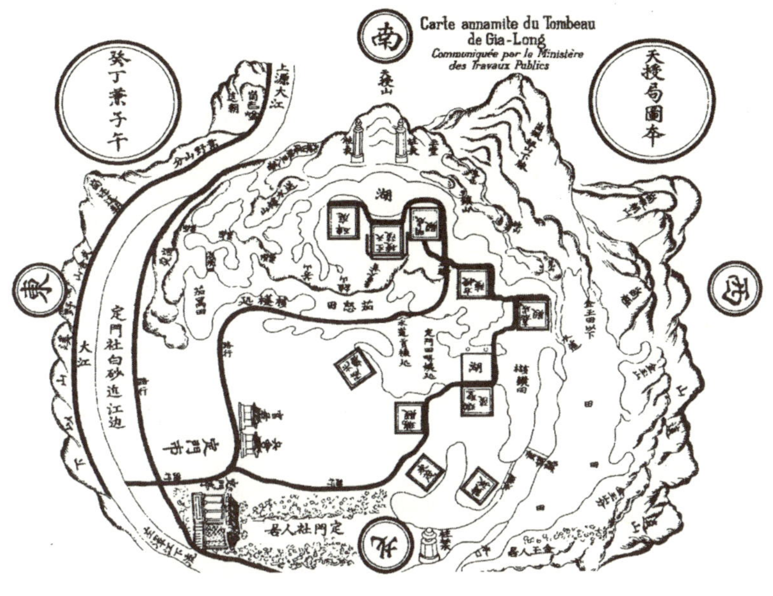


출처 : 황영융, 《풍수 도시-역사 도시의 공간 구성》

다. 이는 단지 세상의 이익을 추구하려는 점술이 아니며, 철학이자 사상인 동시에 실천적인 과학이다.

지금까지 이 책에서도 수차례 강조해왔듯이, 동아시아에 널리 전파되어 각각의 땅에 뿌리를 내리고 있는 사고방식을 음양 사상이라고 했다. 의견이 분분한 논의의 근원을 찾아보면 결국 단 하나다. 즉 '대립하는 것은 상호 보완한다Contraria sunt complementa'는 것이다.

얼핏 보면 서로 충돌하고 있는 것처럼 보이지만 이는 그렇기 때문에 또 그만큼 서로 상대를 필요로 한다는 뜻이기도 하다. 그리고 서로 충돌하기 때문에 일어나는 그런 역동적인 움직임 속에서 자연도 세계도, 그리고 조직도 개인도 움직인다. 그리고 가장 중요한 사실은 이런 현상을 이해하는 것이며, 동시에 이런 현상이 가장 방해받지 않는 장소를 선택해서 살고, 또 그곳에서 그런 현상에 어울리는 생활을 조용히 영위하는 것이다.

# 한반도의 통치 이데올로기

동아시아 전체에서 이른바 공통 언어라고도 할 수 있을 만큼 널리 확산되고 있는 음양 사상이 가장 세속화되어 있는 나라가 한국이다. 이번에는 한국, 좀더 시야를 넓혀 한반도에서 음양 사상이 전개된 과정을 고찰하고자 한다.

현대 한국사에서 풍수를 논하기 위해서는 그 출처라고 할 수 있는 일본인 저자의 책을 살펴볼 필요가 있다. 제2차 세계대전이 발발하기 전 조선 총독부 촉탁사원이었던 무라야마 치준村山智順이 집필한 《조선의 풍수》가 바로 그 책이다. 이 책은 자칫 비난의 표적이 될 수 있는 일본의 조선 통치에 관한 이야기를 주요 내용으로 하고 있다. 그러나 무라야마 치준이 이 책의 서두에 기술한 다음과 같은 내용을 살펴보면 반드시 그렇지만은 않다는 것을 알 수 있다.

조선 문화의 겉으로 드러나지 않는 근원적인 형상 가운데 하나로서 풍수라고 부르는 게 있다. 이 풍수는 현재 표면적인 문화 형상만으로 조선 문화를 운운하는 많은 사람들, 이른바 젊은 사람들 가운데는 구시대의 나쁜 관습과 문맹인들 사이에서만 지지되는 미신으로 여겨 이것을 조선 문화의 하나로 취급하는 것조차 꺼리는 사람이 있다.

또한 진지한 조선 문화를 연구하는 학자들조차 이것을 구시대의 풍습이며, 수준이 낮은 것으로 이뤄진 문화라는 이유로 그다지 중요시하지 않은 듯하다. 그러나 풍수는 적어도 수십 세기라는 오랜 시간 동안 조선의 민속 신앙에서 확고한 지위를 차지했다.

게다가 고려 시대를 거쳐 이조 시대에 들어서서는 한반도 곳곳에서 그것을 철저하게 믿을 만큼 일반적으로 보급되어 오늘날에 이르렀다. 때문에 다른 문화에 비해 지지하는 강도와 범위가 크다는 사실을 인정해야 한다. 이처럼 오랫동안 널리 지지를 받은 까닭은 어디에 있을까? 두말할 나위 없이 그것은 가장 근본적인 생활 욕구를 충족시켰으며, 이상적인 생활을 가장 직접적으로 표현했기 때문이다. 조선의 풍수는 한반도에서 생활하는 사람들의 이상적인 생활, 어떻게 하면 더욱 나은 생활을 누릴 수 있는지를 모색하는 사상과 노력을 그대로 나타내는 것이었다.

조선 문화의 뿌리를 찾으려고 했던 무라야마 치준은 조선총독부 촉탁사원이 되어 철저한 현장 학습을 전개했다. 그리고 방대한 문헌과 풍부한 사진 등을 정리해서 《조선의 풍수》라는 책을 완성했다.

지금도 한국 내에서 풍수에 뜻을 품고 있는 많은 사람들이 참고하는 책이지만, 무라야마 치준이라는 일본인이 철저하게 조사하고 통합해서 기술했다는 이유로 한국 내에서는 여전히 이 책에 대해 '일제단맥설'이라는 주장이 제기되곤 한다.

그러면 이 '일제단맥설'이란 도대체 무엇인가? 오사카 시립대학 교수인 노자키 미쓰히코野崎充彦의 《지금 되살아나는 용맥-한국의 풍수가들》이라는 책을 살펴보면 일제단맥설에 대한 다음과 같은 주장이 담겨 있다.

> 악명 높은 조선총독부가 식민지 통치 아래 있던 한민족의 반항을 두려워해 장군출진형이나 비룡승천형과 같은 민족적 지도자가 태어날 만한 명당('기'가 나오는 최적지)의 기맥을 끊기 위해 커다란 쇠말뚝을 땅속 깊이 묻거나, 일부러 철도나 도로를 건설해 풍수압승책을 도모했다.

일본인 입장에서 보면 너무 터무니없다고 생각할지도 모르지만 이는 틀림없는 사실이다. 앞에서 언급했듯이, 원래 메이지유신을 단행해 도쿠가와 막부를 무너뜨릴 때 신정부 역시 귀문 봉쇄를 없애버렸다. 따라서 일본인들이 일제단맥설을 부정하려는 경향이 있지만, 이 또한 솔직하게 인정하고 참회해야 할 일이다.

주기적으로 민족주의 고취가 일어날 때마다 이와 같은 일제단맥설이 제기되곤 하는데, 일본 입장에서는 그렇게 생각하는 한국의 심정을 진심으로 이해해야 한다. 왜냐하면 한민족만큼 지금까지 역사적으로 음양 사상을 존중하고 거기에 입각해 국가 건설에 주력한 국가가 없었기 때문이다.

그 예로 수도 건설을 들 수 있다. 한국의 수도는 서울인데, 조선이 한양을 도읍으로 정한 이유는 분명히 풍수 사상에 입각한 판단에서였다. 이에 대해 연구한 학자가 최창조 전 서울대 교수다.

공개적으로 스스로 기를 감지하는 능력이 있다고 말하는 최창조 교수는 자신의 저서인 《한국의 풍수 사상》에서 조선에서 이뤄진 '천도 논의 전개 과정'을 기술하고 있다. 그리고 천도를 천명한 1393년 이전의 도읍인 개성과, 그 후의 도읍인 한양을 각각 풍수적 견지에서 진단했다.

대단히 흥미로운 사실은 한양이 풍수적 이론에 입각해 선택된 땅이라는 데 대해 여러 주장이 제기되었다는 점이다. 정도전을 비롯한 유학자들은 한양 천도에 반대했고, 풍수와 도참설에 능했던 하륜은 오늘날의 연세대 자리인 무악 일대가 명당이라고 주장해 수도의 위치에 대해 크게 논의가 일었다.

아무래도 에도 시대에 활약했던 덴카이와 같은 음양사가 강력하게 밀어붙여 결정했다는 흔적은 찾아보기 어렵다. 단 천도를 결정했을 때는 태조가 음양책정도감이라는 임시 기구까지 설치했다. 이 책에서 말하는 음양 사상이 그 부분에서도 얼핏 나타난다.

조선 초기 천도를 논의할 때는 분명히 풍수에 대해 언급했으며, 이것이 표면상으로는 결정적인 요인으로 작용했다. 그러나 실제로

그림 11 서울 주변의 지형도

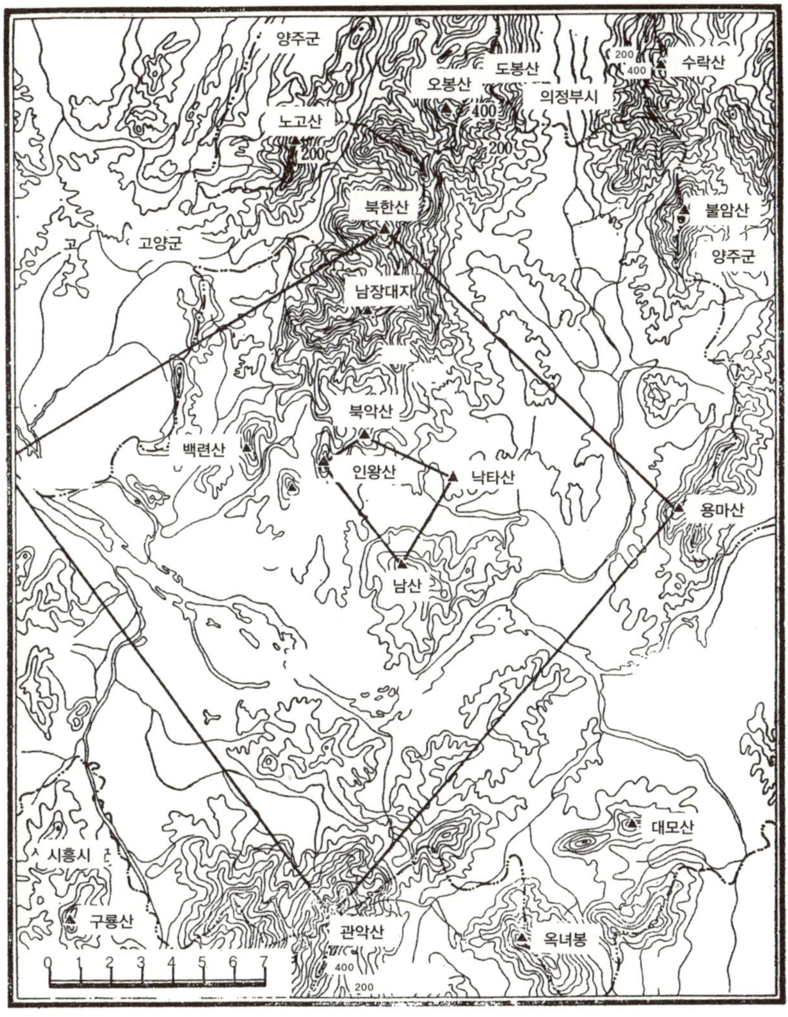


출처 : 최창조, 《한국의 풍수 사상》

는 이런저런 합리적인 이유가 먼저 있었다는 점이 주목할 만하다고 최창조 교수는 자신의 책을 통해 기술하고 있다.

그렇지만 단 한 가지 확실한 것은 수도 서울이 풍수와 음양 사상에 따라 선택된 도시라는 사실이다. 그런데 거기에 일본이라는 나라가 무리하게 비집고 들어가 결국 조선을 통치한 것이다.

마찬가지로 풍수에 입각해 선택한 도시인 도쿄를 미국이 점령한 다음 통치한 예가 있었다. 그러나 전후부터 현재에 이르기까지 그와 같은 운명을 겪은 도쿄에 대해 풍수 또는 음양 사상과의 관계를 운운하는 논의는 전혀 들리지 않고 있다.

이에 비해 한국의 상황은 완전히 다르다. 앞에서 언급했듯이 거듭 일제단맥설이 제기되고 있다. 이를 통해 추측컨대 지난날 한반도가, 그러니까 구체적으로 수도 서울의 운명이 어째서 악화되었는지 그 이유를 풍수에서 찾을 수 있다고 본다.

이 사실은 적어도 일본 입장에서 보면 한국이 그만큼 풍수 또는 음양 사상을 아직도 뿌리 깊게 신봉하고 있다는 사실을 나타낸다. 게다가 이런 현상이 민족주의와 밀접하게 관련이 있다는 점 또한 한국적인 특징이라고 할 수 있다.

하지만 그렇다고는 해도 실제와는 달리 조선의 문화 속에서 부당하게 천대받았던 것 또한 풍수였다. 조선이 궤도에 오르기 시작함과 동시에 유학을 신봉하는 유학자들이 서서히 풍수배척론을 주장한 게 그 시작이었다.

반면 일반 국민들 사이에서는 풍수가 세속화되어 묘지 선정을 하는 기법으로 전락하기도 했다. 그러면서 사람들은 음택풍수(묘지 선정)를 통해 복을 얻고자 하는 욕심에 너도나도 묘지 매점에 나서는 바람에 국토가 황폐화되는 상황까지 발생하곤 했다.

그런 이유 때문인지, 한국에서는 지금도 무라야마 치준이 현장 조사를 했던 전전戰前은 물론 풍수에 대해 부정적인 인식이 깔려 있다는 지적이 있다. 특히 미국과 유럽이 활발하게 기독교를 포교한 결과 기독교와 상반되는 풍수 관련 지식이나 판단은 미신 취급을 받기 일쑤였다.

그럼에도 불구하고 여전히 실제 한국 사회에서는 풍수, 특히 음택풍수가 뿌리 깊이 강조되고 있다. 일본에서도 때때로 언론을 통해 보도되곤 하는데, 무덤에 대한 한국인들의 독특한 집착은 음택풍수에 크게 관심을 두지 않는 일본의 입장에서 볼 때 상당히 기묘하게까지 여겨진다.

한편 한반도의 남북관계를 보면 그보다 더 기묘한 점을 찾을 수 있다. 그것은 어째서 북한은 평양을 수도로 삼고 그리고 한국은 서울을 수도로 삼았느냐 하는 것이다. 게다가 남북이 공동으로 경영하고 있는 공업단지는 개성에 위치한다.

어쨌거나 한국과 북한은 과거 참혹한 전쟁을 치른 적대적 관계라고 할 수 있다. 아무리 같은 민족이라고 해도 이런 관계에 놓인 양측이 평양과 서울에 수도를 정한다는 것은 안전보장의 관점에서 볼 때 매우 상식 밖의 일이다.

그럼에도 불구하고 그곳에 수도를 둬야 했던 이유는 단 하나다.

그것은 한반도 통치 철학의 근본으로 삼고 있는 풍수 또는 음양 사상과 밀접한 관계가 있었기 때문이다.

사실 평양도 서울도, 그리고 개성도 풍수적인 관점에서 볼 때 한반도 역사 속에서 언제나 이름이 거론된 도시였다. 고구려의 수도였던 서경(평양)은 12세기 고려 시대의 승려인 묘청이 풍수에 근거해 서경 천도를 제안한 것으로 알려져 있다.[12]

이렇게 말하면 "설마 김정일이 그런 사실에 집착했을까?"라고 말하는 독자도 있을 것이다. 그러나 실제로는 얼마든지 가능한 일이다.

일본 쇼비학원대학의 스즈키 마사유키鐸木昌之 교수는 《북한 사회주의와 전통의 공감》이라는 자신의 저서를 통해 이 같은 사실을 규명했다. 스즈키 교수는 김정일이 민족의 영산인 백두산에서 태어난 것을 되풀이해서 강조한다는 점에 대해 언급하며 다음과 같이 기술하고 있다.

> 1985년 김정일이 통일혁명당에 대해 언급한 말 속에 백두산과 조선혁명 간의 밀접한 연관성에 대해 강조했다. 제3자가 그 설명만 듣고서 그런 인과관계를 이해하기란 어렵다. 그러나 조선의 전통적 사상과 일치할 때 그것은 논리성을 갖게 된다.
>
> 김정일은 풍수 사상과 도참설(참위설)의 중요한 개념을 이용해 조선혁명의 정통성을 합리화하고자 했다. 특히 그 개념은 조선의 통일과 남조선 혁명에 있어서도 스스로의 정통성을 뒷받침하는 근거가 되고 있다. 백두산은 조선의 지맥에서 중심이 되며, 남조선 혁명의 근원을

이룬다. 이른바 풍수 사상과 도참설에 근거한 혁명론이다. 이는 김정일의 최근 언동에서만 그치지 않는다.

여기서 말하는 백두산은 중국 지린성과 북한 량강도(두만강과 압록강) 사이에 우뚝 솟은 영산이다. 그리고 조선 풍수에서는 예를 들면 개성의 진산(현무에 해당)은 멀리 떨어진 백두산이라고 해석하고 있다.

조선 문화 속에서 풍수와 음양 사상은 표면상 제대로 취급받지 못했던 게 분명하다. 그러나 국가 이데올로기로서는 그야말로 '조선적인 것'의 근저에 놓여 있었다.

그리고 북한 독재자는 그 사실을 가장 잘 알고 있었다. 반면 한국이 드러내놓고 언급하지는 않지만, 북한과 마찬가지로 대항 원리로 서울을 내세우고 있는 것은 매우 합리적인 판단이라고 할 수 있다.

지금까지 동아시아 음양 사상의 역사적인 전개를 고찰해봤다. 이를 통해서 우리는 중국에서 시작해 동아시아 전역으로 확산되어 각 나라의 통치 이데올로기가 되면서도 결과적으로는 세속화되어가는 음양 사상의 모습을 확인할 수 있었다.

그러면 이러한 운명의 음양 사상이 지금 동아시아 내에서는 대체 어떻게 인식되고 활용되고 있을까? 또 그것은 과연 미국식 금융 자본주의로 상징되는 '서구적인 것'에 대항하는 근본적인 원리가 될 수 있을까?

그런 의미에서 다음 장에서는 음양 사상의 실상에 대해 고찰해보기로 하자.

# PART 3

# 밀교로서의 음양 사상과 새로운 질서

# 현교와 밀교의 팽팽한 공방과 외교 역학

흔히 미국을 자유의 나라, 민주주의의 나라라고 말한다. 그러나 이런 표현들은 실제와 사뭇 동떨어져 있다. 미국 상류층 사람들의 실체와 실생활을 알고 나면 결코 다가설 수 없는 계층사회라는 사실을 피부로 느끼게 된다.

약 4년 전 한 지인을 통해서 미국 국가 고위층에 있는 사람 가운데 한 명이 풍수를 열심히 배우고 있다는 이야기를 전해 듣고 깜짝 놀란 적이 있다. 어쨌든 그 사람 정도라면 선거에 의해 결정되는 미국 대통령을 실질적으로 선임할 만한 권력을 지니고 있는 가문의 출신이었기 때문이다.

"그런데 어째서 지금, 그것도 하필이면 풍수란 말인가?" 하고 나는 적잖이 이상하게 여겼다. 미국과 유럽은 동아시아의 풍수나 음양 사상을 샤머니즘이나 미신 같은 것으로 치부해버리는 경향이 있다. 어쨌거나 발밑에 있는 땅을 비롯한 모든 삼라만상이 연결되어 있으며, 게다가 생기를 지닌 채 윤회하고 있다는 이 음양 사상의 근저를 미국과 유럽에서 강조하는 합리주의의 관점에서 보면 대체로 이해하기가 쉽지 않기 때문이다.

게다가 상황을 더 어렵게 만든 것은 미국과 유럽을 마주친 동아시아 국가들이 취하기 시작한 태도였다. 아편전쟁 이후 대외적인 위기가 닥치자 동아시아 국가들은 가장 먼저 바다 맞은편에 있는 나라들의 힘을 빌려 부국강병 도모를 주요 목적으로 삼았다. 그렇다 보니 무엇이든 그들이 옳고, 자신들의 것은 무엇이든 옳지 않다고 생각하게 된 것이다.

그 결과 무슨 일이 일어났을까? 앞서 2장에서도 언급했듯이 일본에서는 메이지유신이 단행되자 1868년 즉시 음양료를 폐지했다. 복점이나 점성 등의 행위들은 부끄럽기 그지없는 것들이어서 서양인들에게 보여줄 수 없다는 이유였다.

그러나 혈기왕성한 개혁 추진자들도 바꾸지 못한 게 있었다. 그것은 궁정 음양도가 붕괴된 이후 음양 사상이 단숨에 세속화되어 이미 일본 문화 속에 깊숙하게 침투해 있다는 부정할 수 없는 현실이었다.

그렇게 해서 시작된 것이 음양 사상을 둘러싼 이중 구조였다. 즉, 음양 사상은 한편으로는 공적 세계에서 완전하게 추방되었다. 음양 사상을 입에 올리는 것조차 기인이나 괴짜 취급을 받을 정도였다.

그러면서 다른 한편으로는 세속과 속세에서 그대로 보존되었다. 사람들은 풍수를 이야기했고 이는 때때로 유행처럼 번져나가기도 했다. 뿐만 아니라 사람들은 그것이 음양 사상인줄도 모른 채 음양 사상을 말하거나 생활 속에서 실천하는 경우도 허다했다.

이 같은 전개 과정을 이 책에서는 음양의 밀교화라고 지칭한다.

여기서 잠시 밀교에 대해 설명하고 넘어가자. 모든 불교는 현교와 밀교로 구별된다. 현교는 종교적 이상에 도달하는 방법을 대중에게 숨김없이 공개해서 특별한 제자가 아닌 누구라도 배울 수 있게 하는 종교를 말한다. 우리가 아는 불교가 바로 이 현교에 해당한다. 이에 반해 밀교는 비밀스런 교의를 특정한 사람(제자)에게만 비밀리에 전수하는 종교를 뜻한다.

다시 본론으로 돌아가서, 2장에서도 언급했듯이 헤이안 불교가 밀교와 융화함으로써 일본 내에서 주술화와 밀교화 현상이 나타났다. 그런데 최근 들어서는 다음과 같은 현상이 뚜렷하게 나타나고 있다. 그것은 서양의 첨단 문명을 꽤고 있는 국가 엘리트의 지식(현교)과, 그들의 통치 대상밖에 되지 않는다고 여기는 무지한 대중의 지식(밀교)으로 양극화되고 있는 현상이다.

서양의 충격이 대외적인 위기임을 알게 된 동아시아에서는 반드시 그러한 양극화 현상이 일어났는데, 그 현상이 가장 두드러지게 나타났던 나라가 일본이었다. 일본에서는 '우리들은 천황의 백성'이라고 여겨 소박하게 믿는 일반 대중의 지식(밀교)과, 독일 헌법학에서 도출한 천황기관설에 입각해 국가가 통치권을 지니며 천황의 존재는 하나의 법인 혹은 기관에 지나지 않는다고 간주하는 국가 엘리트의 지식(현교)으로 뚜렷하게 구별되었다.

그리고 후자의 지식은 독점되어야 한다고 여김으로써 선택된 사람만이 그것을 마음껏 누리고 국가 권력도 독점했다. 족벌이라고 해서 이른바 좋은 가문에서 태어나지 않은 사람들은 부지런히 노력해 고등교육기관(제국대학)에 들어가고자 애를 썼다. 그리고 일본은 지적 엘리트만이 관료가 되는 나라가 되었다.

그러나 그들이 조종하는 현교는 과연 일본과 동아시아를 어디로 인도했는가? 그들이 이끈 길은 히로시마, 나가사키 원폭 투하로 상징되는 참극과 파멸의 길이었다.

진보적인 국가 엘리트만이 알고 있는 지식과 무지한 대중이 알고 있는 지식을 현교와 밀교로 구분해서 표현한 사례로 일본 정치학의 태두인 교고쿠 준이치京極純一가 집필한 《일본의 정치》라는 책을 들 수 있다. 그러나 교고쿠는 이 책에서 오히려 전자인 국가 엘리트만이 아는 지식을 밀교라고 주장하고, 후자인 무지한 대중이 아는 지식을 현교라고 주장하고 있다.

한정된 사람만이 들어가는 고등교육기관이며 상아탑인 제국대학에서만 배울 수 있다는 의미에서 밀교라고 주장한 것인지도 모른다. 그렇지만 배후에 국가 권력이 있어서 강제력을 지니고 있었다는 점에서 그것은 현교라고 해야 옳다.

반면 세속화되어 공식 석상에서 무시된 음양 사상이야말로 밀교라고 해야 옳다. 그것은 사람들의 일상생활을 통제하고 있다는 의미에서 명백하게 그렇게 구분된다.

그렇지만 음양 사상은 어디까지나 개인의 생활이라는 미시적인 수준에 머물러 있지, 국가라고 하는 거시적인 수준에 도달해 있지는 않았다. 실제로 오늘날 음양료를 산하에 두지 못하게 된 황실이 공식 석상에서 음양 사상에 대해 언급하는 적은 전혀 없다. 다시 말해서 음양 사상은 숨겨진 지식, 곧 밀교가 되어버린 것이다.

실은 그와 같은 역사적 전개 과정이 나타난 나라가 일본만은 아니었다. 서양의 충격을 똑같이 받은 동아시아에서도 동일한 현상이 나타났다.

지금까지 음양 사상의 발상지가 중국이라고 말하면서도 오늘날의 중국(중화인민공화국) 상황에 대해서는 전혀 언급하지 않았다. 물론 언급하지 않은 데는 나름의 이유가 있다.

원래 일본에서는 중국의 풍수에 관한 연구가 활발하게 이뤄지지 않았을 뿐만 아니라, 특히 오늘날의 중국 상황에 대해서는 전혀 접근을 시도하지 않았기 때문이다.

하지만 그런 분위기 속에서도 동아시아 전체에 눈을 돌려 연구를 거듭한 사람이 있었다. 와타나베 요시오 교수가 바로 그런 인물이다. 와타나베 교수의 저서인 《풍수기의 경관지리학》에는 1980년대 말 중국에서 발간한 대표적인 두 개의 사전에서 해설하는 '간풍수'에 대해 소개하고 있다.

• 사전 1에 기록된 '간풍수' : 속칭 상택相宅이라고 부르며, 미신 활

동에 해당한다. 주택(흔히 양택이라고 함), 건축 기준지 또는 묘지(흔히 음택이라고 함)를 판단할 때 주위의 풍향과 수류 등의 형세를 보아 재앙을 피하고 복을 얻자는 판단이다. 전하는 바에 따르면, 중국 풍수의 시조인 진나라의 곽박郭璞이 창안했다고 한다. (중략) 훗날 전문가가 나타났고, 그런 업을 담당하는 사람을 풍수 선생이라 불렀다. (중략) 예전에는 한족과 많은 소수민족들 사이에서 그 같은 사상이 유행했는데, 오늘날에도 여전히 남아 있다.

• 사전 2에 기록된 '간풍수' : 고대 시대부터 전래되어 한족이 신봉하는 미신 풍속이다. 옛날에는 집을 지을 때와 무덤을 매장할 때 모두 사람에게 부탁해 지세와 산수를 관찰하고 판단하게 하는 등, 이른바 좋은 풍수와 좋은 지맥을 얻어 집안의 부귀영화를 얻고자 했다. (중략) "《중국 풍속사, 위진남북조수》에 따르면 풍수설은 송 시대에 이르러 비로소 널리 확산되었다. 따라서 송 시대 이후 풍수설이 확산되는 것을 막고자 했지만 다시 반복되는 경우가 적지 않았다."라고 기술하고 있다. 옛날에는 가까운 민족끼리 각각 비슷한 풍속이 존재했지만, 지금 그 같은 풍속은 이미 사라졌다. 단지 풍수 관념은 아직도 남아 있다.

분명히 중국 공산당이 내세우는 국가 이데올로기 측면에서 보면, 그것에 근거한 명령을 국민들에게 내리더라도 풍수가 우선시된다고 하면 커다란 문제가 된다. 이 같은 국가 이데올로기, 다시 말해서 이 장에서 말하는 현교의 관점에서 본다면 밀교는 미신이며 사라져야 하는 존재다.

그러나 문화대혁명이 끝나고 중국이 개혁과 개방으로 크게 전환하기 시작할 무렵(1990년대 전후), 현교가 밀교에 접근하기 시작하는 현상이 나타났다. 정부 당국이 풍수를 과학으로 인식하기 시작한 것이다. 이는 미국과 유럽, 그리고 일본이 중국 의학에 지대한 관심을 표명하기 시작한 때와 같은 시점이다.

하지만 풍수나 음양 사상을 과학으로 인식하는 것 또한 위험한 일이다. 왜냐하면 와타나베 요시오도 언급했듯이 풍수나 음양 사상은 가설과 검증으로 성립되는 서양 과학에 의해 설명할 수 있는 부분들이 그만큼 잠식되어버릴 위험성이 있기 때문이다. 하물며 2장에서도 고찰했듯이 깊은 사상이나 세계관 등이 완전히 무시되어버리기 때문이다.

게다가 최근 사례로서 지방 관료의 부패를 규탄한다는 문맥으로 다음과 같은 뉴스가 일본어판 〈인민일보〉 홈페이지에 게재되었다.[13]

> "2010년 부패와 부패 단속의 충돌 – 관료들의 잇따른 부패 적발"
>
> 2010년에 발생한 부패는 2006년 이래 세 가지 특징을 답습하고 있다고 중국 공산주의청년단 기관지인 〈중국청년보〉가 보도했다.
>
> ❶ 부패 혐의로 적발된 관료의 지위가 높다. 2010년에 적발 또는 판결을 받은 관료 가운데, 성·부급 관료는 내몽고 자치 구정부의 류줘즈 부주석, 중국 핵공업집단공사의 캉르신 전 총경리, 톈진 시 공산당위원회의 피챈성 전 상무위원, 구이저우성 정부의 황야오

전 주석, 전국인민대표대회 상무위원회 예산공작위원회의 주즈강 주임, 최고인민법원의 황쑹유 부원장 등 다수에 이른다.

❷ 적발 또는 판결을 받은 성·부급 관료들의 뇌물 수수액은 모두 500만 위안 이상의 거액이다. 그 중에는 광둥성 정치협상회의 주석 천사오지의 뇌물 수수액 2959만 5000위안 이상 등, 1000만 위안을 웃도는 건도 있었다.

❸ 부패에 몰려드는 기생충 현상이 여전히 심각한 문제가 되고 있다. 광둥성 중산의 리치훙 전 시장이 내부자 거래 혐의로 체포된 사건에서는 몇십 명이 줄줄이 적발되었는데, 그 가운데 다섯 명이 리 전 시장의 가족인 아내, 남동생, 며느리, 여동생이었다.

"2세 관료의 잇따른 출현"

2010년 발생한 부패를 보면 네 가지 새로운 특징이 나타났다.

❶ (중략)

❷ 2세 관료가 잇따라 출현했다. 중국 정계유착 및 친인척 등용이 최근 심각해지고 있다. 국가 기관 및 정부 부문부터 고등학교, 기업에 이르기까지 부모와 자녀, 부부, 사위 등 친족끼리 직위를 서로 나눠갖는 행위가 여기저기서 나타나고 있다. 2세 관료는 최근의 권력 부패로 인해 생겨난 부산물이다.

❸ 독직, 권리 침해, 사회 모순을 심화시키는 행위가 출현했다.

❹ 간부층의 의식 개혁이 두드러졌다. 2010년 청백리로서 칭송받았던 시장이 신사에서 하이루이海瑞에 참배하고 부시장이 부패 근

절을 기원하는 등, (소원 빌기 및 풍수점이 일부 지역에서 유행했다.) 이는 부패 현상까지는 아니더라도, 지역 간부층의 의식을 반영하고 있다.

어디까지나 중국어 원문이 아닌 탓에 이 내용을 있는 그대로 받아들이기는 어렵다. 그렇더라도 주목할 만한 대목이 없는 것은 아니다. 내 나름으로 해석해보면 '진심으로 부정부패를 척결하고 싶다면 점 따위를 치기보다는 기강 확립에 주력하라'는 내용이 아닐까 한다. 단적인 예이긴 하지만, 현교(국가 이데올로기) 입장에서 밀교(풍수, 음양 사상)와 거리를 두고자 하는 자세를 명확하게 엿볼 수 있다.

이와 반대로 지역의 밀교와 밀접한 관계에 있는 지방 간부들은 현교 일변도가 되면 사물이 윤회하지 않는다는 것을 잘 알고 있었다. 그래서 소원 빌기와 풍수로 보는 점에 치중하게 된다. 이 부분에서도 서양의 충격이 도래한 이래 동아시아에 내재되어 있는 굴절된 구조가 드러난다.

그렇다고는 해도 현교가 밀교에 대해 거리를 두거나 심지어 경계심마저 품는 데는 나름대로 이유가 있었다. 왜냐하면 현교는 때때로 단순한 생활 철학을 뛰어넘어 사람들을 결속시키고 정치적인 의미를 지니던 때조차 있었기 때문이다.

그 한 예로 음택풍수를 들 수 있다. 조상을 좋은 곳(용혈)에 매장하면 살아 있는 자손이 번영한다고 믿는 이 기본적인 사고방식 자체를 흔히 인축무해人畜無害인 것처럼 여긴다.

홍콩의 중국 반환이 이뤄지기 전 이런 일이 있었다. 도로 건설을 하기 위해 홍콩 정부가 어느 가문의 시조묘를 이장하려고 하자, 터가 좋기로 유명한 그 무덤을 이장해서는 안 된다며 사람들이 정부에 정치적 항의를 했다.

게다가 그 가문에서 묘지를 지키는 모임까지 결성하자 난처한 상황에 직면한 홍콩 정부는 오랜 갈등 끝에 합의를 해야만 했다. 심지어 이와 같은 사례는 홍콩에서 아주 빈번하게 일어난다.

이 사례에는 지금까지 언급하지 않았던 중요한 사실 하나가 숨어 있다. 그것은 현재 살아 있는 사람의 주거를 대상으로 삼는 양택풍수와는 달리, 무덤을 대상으로 삼는 음택풍수에서 등장하는 것은 망자이자 혈족이라는 점이다. 다시 말해서 외부에서는 느끼지 못하는 가문의 연결고리를 지키기 위한 논리라는 측면이 미묘하게 대두된다는 것이다.

1장에서 대만의 가문들이 서로 그물망처럼 연결되어 있다는 점에 대해 언급한 바 있다. 그런 네트워크에 접근하지 않는 한, 대만과의 비즈니스는 원활하게 진행되지 않는다. 그러나 문제는 이런 네트워크가 눈에 보이지 않는다는 데 있다. 때문에 타지 사람들은 가장 먼저 이런 네트워크를 형성하고 있는 원리원칙인 풍수와 음양 사상을 배워야만 한다. 3장의 도입 부분에서 소개했던 미국 상류층 사람들일지라도 마찬가지다.

이와 같은 끈끈한 인적 네트워크나 가문에 의한 기업 통치에 대해 미국과 유럽은 지금까지 철저하게 비난해왔다. 특히 1997년부터

1998년에 걸쳐 발생한 아시아 통화위기 때, 미국과 유럽의 대변자로 군림한 국제통화기금이 이를 엄청나게 비난했다.

"기업에 통치라는 개념은 없다!"

"무엇보다 투명성이 우선해야 한다!"

"부정부패, 후견주의clientalism를 없애라!"

이른바 '워싱턴 콘센서스Washington Consensus(미국식 시장경제체제의 대외 확산 전략)'를 위기 탈피의 대안으로 제시하는 미국과 유럽의 공세에 동아시아 국가들은 일제히 후퇴하며 순순히 복종했다. 그리고 그로부터 10년이 훨씬 지난 지금, 상황이 완전히 바뀌어 그들은 오히려 동아시아 방식이 옳았다고 말하고 있다.

그 결정적인 증거가 2009년 세계은행World Bank의 의뢰로 '성장발전위원회Commission on Growth and Development'가 발표한 보고서인 〈경제성장에 관한 보고서, 지속적 성장과 포용적 발전을 위한 전략*The Growth Report : Strategies For Sustained Growth And Inclusive Development*〉이었다.[14] 미국과 유럽의 전문가들(노벨 경제학상 수상자인 마이클 스펜스Michael Spence와 로버트 솔로우Robert Solow 등)이 중심이 되고, 거기에 아시아를 포함하는 각국 전문가(저우샤오촨 중국인민은행 총재, 한덕수 전 국무총리 등) 총 스물한 명이 참여해 활동해온 동 위원회는 분명히 워싱턴 콘센서스를 부정했다.

물론 보고서에서는 풍수와 음양 사상에 대해 전혀 언급하지 않았다. 그러나 풍수와 음양 사상에 근거한 사회 구조를 타파하고자 한 게 워싱턴 콘센선스였기 때문에 이는 패배 선언이라고도 할 수 있다.

어쨌거나 중국과 대만에서는 풍수와 음양 사상이 상당히 세속화된 형태로 남아 있다. 그리고 대만의 인구 중 푸젠성과 광둥성에서 이주해온 사람들이 압도적으로 많다는 점을 고려하면, 중국 대륙의 상황이 어떠한지 매우 궁금해진다.

이야기가 다소 길어지겠지만, 이에 대해 와타나베 요시오의 《풍수기의 경관지리학》을 잠시 인용해보자.

> 일찍이 주택건설 예정지를 선정할 경우, 푸젠성에서는 아직도 풍수라고 하는 미신의 영향을 받는다. 토지를 선정해 주택을 건설할 때는 먼저 사람에게 의뢰해 지세를 점치고 풍수를 판단해 음양오행을 정했다. 전해 오는 이야기에 따르면 '문 앞에 물이 있으면 재원이 풍부해진다'고 했다. 또 '문이 물을 정면으로 바라보면서 열려 있고 강 상류를 향하고 있으면, 재력을 안겨다주는 원천이 생겨남을 의미한다'고 했다. 그러므로 집 앞에 물이 없는 민가는 흙을 파 연못을 만들어 길조를 얻는 수단으로 삼았다. (중략) 용마루를 늘어놓는 가옥의 방향, 가옥의 치수, 가옥의 높이와 용마루의 수, 방향과 위치, 정원을 에워싸는 방법 등을 모두 풍수사에게 물어본 뒤 결정하는 관습이 몇몇 지역에 매우 강하게 남아 있다. 자신의 집을 위해 좋은 풍수를 선택하는 것 외에도 자신의 주거가 원인으로 작용해 다른 집의 풍수에 해를 끼치지 않도록 배려하는 것도 중요했으며, 시비를 일으켜 싸움으로 번지지 않도록 배려하는 것도 중시했다. (중략) 대다수 주택이 북쪽에 위치해 남쪽을 바라보고 있으며, 바람을 등지고 태양을 향하

고 있다. 또한 뒤에는 산이 있고 앞에는 하천이 흐르고 있으며, 도로 근처에 다리를 세우고 있다. 지형적 제약을 받아 면적이 협소한 곳에서도 궁리를 해 위와 같은 조건을 충족시키고 있다.

위의 인용문은 양택풍수에 관한 설명인데, 이를 통해 풍수 사상이 매우 광범위하게 보급되어 있다는 사실을 확연하게 알 수 있다. 그렇지만 같은 동아시아 내에서도 풍수에 대한 개념이 다소 차이가 있는 것은 사실이다.

와타나베 요시오는 바로 이런 부분의 예를 들어 홍콩이 풍수를 통해 수익을 올리는 데 관심을 갖는 것에 비해, 한국은 불행한 일이 발생하는 것을 피하거나 막기 위한 공동체를 조성하는 데 풍수를 활용하고 있다고 주장한다.

하지만 그런 경향이 강하다고 해서 한국인들이 세속화된 풍수의 활용으로 싸움을 막거나 피하기만 하는 것도 아니다. 국토가 좁다 보니 명당 묏자리를 두고 오히려 쟁탈전을 벌이는 심각한 상황이 발생하기도 한다.

일본인에게는 이해하기 힘든 이야기지만, 한국에서는 묘지 관련 소송이라 불리는 묘지 분쟁이 종종 발생한다. 1997년 통계이긴 하지만, 한국은 이미 국토의 1퍼센트에 해당하는 땅이 묘지로 변해 있다고 한다. 또한 매년 여의도 면적의 1.5배에 해당하는 땅이 묘지로 조성되고 있다고 한다.

무엇보다 흥미로운 사실은 이 책에서 말하는 밀교 차원에서 서로 경쟁적으로 풍수에 올인하고 있는 중국과 한국이 최근 현교 수준에서도 경쟁하기 시작하는 조짐이 보인다는 것이다. 한국이 2007년 무렵부터 풍수를 자국의 고유 발상이라며 세계문화유산에 등록하겠다고 발표한 것이다.[15]

물론 중국도 손 놓고 그냥 구경만 하고 있지는 않았다. 2010년, 이번에는 중국이 나서서 풍수를 세계문화유산에 등록하겠다고 선언했다. 한 중국 국무원이 기자회견에서 언급한 것이다.[16]

이런 현상에 대해 독자들이 알아둬야 할 사실은 조선 풍수에서 영산은 중국과 한반도의 국경에 있는 백두산이라는 점이다.

만약 풍수가 한국 그리고 보다 넓은 의미의 한반도에서 유래한 것이라고 세계문화유산에 등록되었다고 하자. "그럴 줄 알았어! 당연한 것 아니야?" 하며 한반도 측이 크게 기뻐하고, 게다가 지린성에 거주하는 조선족들이 덩달아 환호하는 움직임을 보임으로써 발생하는 리스크가 있다.

"풍수 정도 가지고 뭘?" 하며 대수롭지 않게 여길지도 모른다. 하지만 한국이 국가 재정을 투입해 조선족들에게 민족무용을 가르치는 무용단을 파견하고 있다는 사실을 고려하면, 문화적인 침투가 초래하는 영향력을 결코 무시할 수 없다.

게다가 국가로서 중화인민공화국이 지니고 있는 가장 큰 아킬레스건은 경제 문제도, 중앙의 정치 문제도 아닌 소수민족 문제다. 그런 만큼 그 열쇠를 쥐고 있는 조선족들의 움직임은 매우 중요하며 민감할 수밖에 없다.

그러므로 중국도 어떤 의미에서는 현교(국가 이데올로기) 측면에서 보면 그다지 바람직한 대상은 아니지만, 어쨌든 밀교를 치켜세워 세계문화유산에 등록하겠다고 응수해야만 했던 것이다. 여기에 바로 동아시아를 에워싼 불가사의한 외교 역학이 존재한다.

이처럼 풍수와 음양 사상은 동아시아에 잠재해 있는 복류수와 같은 존재다. 더 정확하게 말하면 간헐천이라고 할 수 있다. 현교에 짓눌려버릴 것 같으면서도 때때로 솟구쳐 나와 세상의 흐름을 바꾸고 있으니 말이다.

## 황실의 식탁에 잠재된 철학과 신조, 그리고 사상

그러면 여기서 이야기를 일본 쪽으로 다시 되돌려보자. 전후 일본은 'GHQ(General Head Quarters)'라는 미군 총사령부가 점령하고 있었다. 그리고 그 미군이 가장 먼저 철저하게 단행한 조치가 전쟁 전 일본을 떠받쳤던 국가 이데올로기와 그 주역들을 처단하는 것이었다.

이는 곧 국가 이데올로기를 상징하는 국가신도(일본의 국가주의적인 공식 종교로 1868년 메이지 유신 때부터 제2차 세계대전이 끝날 때까지 정식 국교였다)의 강제 해산과, 그것을 떠받쳐온 국가 엘리트들의 강제 퇴장을 의미했다.

간단하게 말해서 우리가 지금 논하고 있는 현교를 완전히 부정했다는 것이다.

그러나 이런 현상이 동시에 오랜 세월에 걸쳐 시민들 사이에서 줄

곧 신봉되었던 밀교로서의 성격을 지닌 음양 사상의 복귀를 의미하지는 않았다. 왜냐하면 전쟁 전 일본에서 현교의 한 원천이었던 '미국적인 것'과 달리 이번에는 새로운 현교가 나타나 횡포를 부리기 시작했기 때문이었다.

물론 그때 철저하게 강조되었던 것은 과학과 합리주의, 그리고 미신척결이었다. 그들은 '국화와 칼' 또는 '무사도'는 어느 정도 이해하고 있었지만, 그런 것들의 근저에 있는 음양 사상은 도저히 이해할 수 없었던 것이다.

당연한 말처럼 들릴지도 모르지만, 지금 일본의 교육과정에서 음양 사상을 정식으로 가르치지는 않는다. 있다고 해도 일본사 수업 중 헤이안 시대를 설명하는 한 대목에서 음양사라는 단어가 나올 뿐이다. 이 단어는 학생들이 당연하듯이 암기해야 하는 항목 가운데 하나에 지나지 않는다.

여러분들 중에는 분명 "그러면 일본 내에서 음양 사상을 계승하고 있는 사람은 없는가? 단순한 풍수의 유행을 초월해 음양 사상 자체를 실천하고 있는 사람은 없는가?" 하는 의문을 갖는 사람이 있을 것이다.

그렇지만 안심하기 바란다. 음양 사상을 충실하게 계승하며 실천하고 있는 유일한 가문이 있다. 바로 황실이다.

농업 평론가인 요코타 데쓰하루横田哲治가 집필한 저서 가운데 《황실의 건강식》이라는 책이 있다. 책의 내용 중에 다음과 같은 구절이 있다.

황실의 식재를 생산하고 있는 고료목장御料牧場은 신토불이의 정신을 따른다. 지산지소, 지역자급이라고도 할 수 있다. 지산지소란 그 고장에서 수확한 것을 그 고장에서 소비하는 것을 말한다. 신토불이는 음식에 대한 철학으로서 신조이며 사상이기도 하다. 인간을 비롯한 생물은 토지 환경과 밀접하게 관련을 맺고 살아간다. 인간은 자신이 살고 있는 가까운 곳에서 수확한 것을 먹으면서 생활하는 게 건강에 좋다는 생각이다.

얼핏 보면 단순히 '부유층들의 식사에 대한 마음가짐'을 기술한 것 같은 문장이다. 그러나 철학, 신조, 사상으로 심오하게 접근하고 있는 부분에서 작가의 혜안을 엿볼 수 있다.

그렇지만 거기까지는 깨닫지 못하더라도 여기에 적혀 있는 내용을 전제로 한다면, 땅이라고 하는 것과 인간으로서의 자신과의 상관관계가 문제되고 있다는 것을 알 수 있다. 이 사실만으로도 충분히 풍수나 음양 사상과 관련성이 있다는 것을 느낄 수 있다.

황실의 식사는 고료목장에서 생산한 식재를 중심으로 천황의 요리사라고도 불리는 궁내청 소속 조리사가 만든다. 시중에서 판매하는 첨가물을 일체 사용하지 않으므로 황실의 식단은 성인병을 예방하는 데 가장 이상적이라고 할 수 있다. 1991년 3월 어느 날의 식단을 살펴보면 다음과 같다.

- 아침 식사 : 빵, 과일(사과 통째로), 우유, 잼

• 점심 식사 : 스프, 생선, 그라탱, 샐러드

• 저녁 식사 : 보리밥(보리 20퍼센트), 미역 된장국, 튀김 세 조각, 생선 두 조각, 소송채(우유보다 두 배 많은 칼슘과 철분이 들어 있는 야채) 무침

여기서 우리가 주목해야 할 부분은 황실의 식탁에 일관되게 적용하고 있는 철학과 신조, 그리고 사상이다. 단순한 건강식을 먹는 데 지나지 않는다면 여기서 말하는 밀교와는 아무런 관련이 없다. 하물며 그것을 황실이 어떤 의미에서 아무도 모르게 실행하고 있다고 말할 수도 없다.

황실의 식탁에 일관되게 적용하고 있는 사상, 그것은 메이지 시대에 활약한 군의관 이시즈카 사겐石塚左玄이 주창한 식양학이었다. 신토불이라는 말은 바로 이시즈카 사겐이 주장한 개념이었다.

그러면 어째서 황실 식탁에 식양학이 도입되었을까? 그것은 메이지明治 천황이 이시즈카 사겐의 공적에 주목했기 때문이다.

1851년 후쿠이번(현재 후쿠이현)에서 한의사를 하던 이시즈카 다이스케石塚泰輔의 장남으로 태어난 이시즈카 사겐은 1874년 군의관 후보생이 된 이래, 줄곧 육군으로 복무했던 사람이다. 그는 1909년 58세를 일기로 작고할 때까지 아주 왕성하게 활동했다.

이시즈카 사겐이 자신의 저서인 《일반적인 먹을거리 양생법》에서 주장하는 핵심 내용은 다음과 같다.

- 식본주의 : 몸과 마음이 병드는 원인이 먹을거리에 있다는 것
- 신토불이 : 지금 살고 있는 땅에서 수확한 주산물을 주식으로 삼고, 부산물을 부식으로 삼아야 체질에 잘 맞는다는 것
- 음양조화 : 양성인 나트륨과 음성인 칼륨 사이에 균형이 깨지면 병이 난다는 것
- 일물전체 : 식품 하나를 통째로 먹음으로써 음양의 균형이 유지된다는 것

이시즈카 사겐은 인체에 정반대되는 영향을 미치는 영양소(칼륨과 나트륨)에 주목한다. 그리고 어느 쪽이라고 하기보다는 그 중간, 즉 두 영양소가 적절하게 합쳐지는 상황이 가장 바람직하다고 말한다. 바로 음양 사상을 말하는 것이다.

그림 12 이시즈카 사겐

출처 : 모치다 고이치로, 《세계가 인정한 일식의 지혜》

이시즈카 사겐은 이런 사고방식을 주창하는 데 그치지 않고 직접 실천하는 것으로도 유명했다. 이런 이야기를 전해들은 메이지 천황은 측근들에게 "이시즈카 사겐이 신토불이 정신에 입각한 식사를 통해 많은 사람들의 병을 치료하고 있으므로 일본에 영양 연구소를 설립하는 게 당연하다."고

말하며 연구소 설립을 지시했다.

이 같은 과정에서 황실은 이른바 필연적인 흐름으로서 식단에 식양학을 적용했다. 물론 황실이 식양학을 주도적으로 확산시킨 것은 아니었다.

그보다는 오히려 조용히 일상생활 내에서 자연스러운 형태로 실행해 옮겼다. 거기에 음양 사상이 보이는 밀교로서의 또 다른 모습이 담겨 있다.

## 마크로비오틱의 빛나는 승리

물론 현대인들은 황실에서와 같은 식탁과는 완전히 동떨어진 삶을 살게 마련이다. 여러분은 자신이 하루에 섭취하는 음식의 칼로리를 계산해본 적이 있는가? 연령에 따라 다르기는 하겠지만, 성인 남자라면 대략 3000킬로칼로리 이상은 족히 되는 음식을 먹고 있을 것이다.

게다가 우리 주변에는 수많은 식품 첨가물이 들어간 음식들이 널려 있다. 특히 외식을 하면 아무래도 많은 양의 나트륨을 섭취하게 되므로 이미 음과 양의 균형을 운운하는 것 자체가 무의미하다.

그런 식습관의 대표적인 나라가 일본이다. 아직도 모든 분야에서 일본인의 생활은 그 자체가 정돈되어 있지 않고 균형을 유지하지 못하고 있기 때문이다.

국제 경제 이야기를 하다가 역사 이야기를 하더니 이제는 먹을거리 이야기까지 하고 있다면서 더 이상 책 읽기를 그만두려 한다면 지나치게 성급한 판단이다.

현교에게 밀려나 이제는 생활 속 실천이라는 차원에서 철저하게 세속화된 밀교야말로 음양 사상이 면면히 살아 있는 것이기 때문이다. 게다가 황실은 이 같은 발상에 입각해 계속적으로 이를 실천하고 있다.

그뿐만이 아니다. 황실의 식탁과 완전히 동일하진 않지만, 이시즈카 시겐이 주창한 식양학에 입각해 이를 일상에 적용시킨 식생활법이 세계적으로 확산되고 있다. 바로 자연식을 지칭하는 '마크로비오틱macrobiotic'이 그것이다.

일본의 젊은 여성이라면 대부분이 마크로비오틱에 대해 알고 있지만, 더러는 다소 의아하게 받아들이는 경향도 있다. 이 마크로비오틱의 발자취를  최대한 객관적인 입장에서 연구한 사람이 있다. 바로 다이토 문화대학 강사인 모치다 고이치로持田鋼一郎다.

그의 저서인 《세계가 인정한 일식의 지혜, 마크로비오틱 이야기》에는 다음과 같은 구절이 담겨 있다.

> 1999년 6월 미국역사박물관National Museum of American History의 과학, 약학, 사회 부문에 구시 미치오久司道夫의 마크로비오틱과 대체의학 관련 자료가 소장되었다. 국립박물관에는 고대 중국의 청동기부터 아폴로호의 달 착륙 기념품에 이르기까지 인류 역사의 중요

한 물품과 표본이 다수 소장되어 있다. 구시 미치오는 그런 마크로비오틱 보급 활동을 통해 미국인들의 건강 증진에 기여한 점을 높이 평가받았다.

에디슨 및 라이트형제 등 역사상 위인들과 나란하게 구시의 저서와 연구데이터, 나무공이, 도마, 냄비, 솥, 식칼 등과 같은 일본의 전통적인 조리 기구들을 영구 소장하기로 결정했다. 물론 일본에서 스미스소니언박물관Smithsonian Museum(스미스소니언협회Smithsonian Institution에 소속된 모든 박물관들을 총칭하는 말이다. 미국역사박물관, 자연사박물관, 항공우주박물관, 공예박물관, 국립초상화갤러리, 국립동물원 등 총 16개의 박물관으로 이뤄져 있다)에 입성한 사람은 구시 미치오가 처음이었다.

'수상쩍은 민간요법'으로 인식되어 근대의학에서 배척되어 온 마크로비오틱은 오늘날 현대의학의 한계를 뛰어넘는 무기로서 의학 관계자들의 주목을 받고 있다. 많은 병원들이 이를 도입하고 있으며, 전 세계 사람들의 식생활 패턴에 변화를 주고 있다.

그러면 마크로비오틱에서는 어떤 식생활법을 권할까? 모치다 고이치로가 《세계가 인정한 일식의 지혜, 마크로비오틱 이야기》을 통해 설명하는 내용을 요약해보면 다음과 같다.

- 표준적인 마크로비오틱 식이요법에서는 전체 식사량의 50~60퍼센트를 도정하지 않은 현미나 잡곡, 메밀 등을 섭취한다.

- 5~10퍼센트는 야채 또는 콩 스프를 섭취하는데, 가장 이상적인 스프는 된장국이다.
- 25~30퍼센트는 야채를 섭취하는데, 그 고장에서 수확한 유기농 야채가 가장 바람직하다.
- 나머지 5~10퍼센트는 두부 및 콩류와 미역, 다시마, 녹미채 등과 같은 해초류를 섭취한다.
- 여기에 때때로 생선과 과일, 견과류를 첨가해도 좋다.
- 커피나 술과 같은 자극이 강한 음료를 줄이고 엽차 등을 마신다.
- 소, 돼지, 닭 등과 같은 육류 및 버터나 치즈 등과 같은 유제품은 섭취하지 않는다.
- 음식을 먹을 때는 한입에 적어도 50회 이상 씹는다.

마크로비오틱의 창시자인 사쿠라자와 유키카스櫻澤如一는 18세 되던 당시 너무도 가난했던 탓에 결핵에 걸리고 말았다. 그때 구사일생으로 살아나는 데 도움이 된 게 이시즈카 사겐의 식양학이었다.

참고로 말하자면 앞에서 소개한 내용은 사쿠라자와 유키카스와 결별한 뒤 미국에서 활동한 구시 미치오가 제시한 처방이다. 이 점을 먼저 유념하기 바란다.

왜냐하면 언뜻 비교해도 알 수 있듯이, 이시즈카 사겐의 식양학을 기원으로 하면서도 그것과 유사한 듯 유사하지 않기 때문이다. 굳이 말하자면 25~30퍼센트 정도의 유기농 야채를 섭취하는 신토불이를 주창하고 있기 때문이다.

더 정확하게 말하자면 식양학을 실천하고 있는 황실의 식탁과도 전혀 유사하지 않다. 황실의 식탁에 올라가는 식단은 고기부터 생선, 야채 그리고 양식부터 일식까지 모두 포함하고 있다. 그러나 모치다 고이치로가 소개하는 마크로비오틱 식단은 이와 달리 매우 금욕적이다.

여러분은 "그러면 양자(식양학과 마크로비오틱) 사이에 더 이상 연속성이 존재하지 않을지 모른다. 음양 사상이 단절되고, 밀교로서의 명맥도 유지하지 못한다."고 단정할 수도 있다.

구시 미치오가 미국에서 온갖 어려움을 겪으면서 고생 끝에 완성한 마크로비오틱은 분명히 본래의 모습에서 상당 부분 이탈해 있다. 그렇지만 고기를 먹지 않는다거나 유제품을 먹지 않는다는 것은 뒤집어 말하자면, 미국과 유럽의 식생활이 그것들을 과잉 섭취하고 있으므로 그것들을 먹지 않음으로써 먼저 균형을 유지해야 한다는 발상으로 해석할 수 있다.

다시 말해서 음양의 균형을 의식적으로라도 취하고자 하는 관점이다. 사람의 몸에는 음식을 먹은 후에도 먹은 음식이 말 그대로 피가 되고 살이 되어 남는다. 바로 이러한 순리에 따라 음식의 조화와 균형을 중시해야 한다는 말이다.

그리고 또 하나 분명한 것은, 비정상적인 발전을 이룩했다고는 하지만 식양학에 기원하는 마크로비오틱이 미국 내에서 대단한 경탄과 호응을 얻어 훌륭하게 정착했다는 점은 부인할 수 없는 사실이다. 그리고 이 사실은 곧 밀교화한 음양 사상의 빛나는 승리 가운데 하나다.

## 베일에 가려 있던 원소 변환 발견

이제 이야기를 다시 황실의 식탁이라는 실천의 장을 통해 지금도 면면히 계승되고 있는 식양학으로 되돌리기로 하자.

이시즈카 사겐이 주창하는 식양학에서의 특징적인 내용이 음양의 조화라는 것은 앞서도 이미 언급한 바 있다. 그러면 무엇과 무엇으로 균형을 취하느냐 하는 게 문제다. 바로 칼륨과 나트륨이라는 원소에 주목할 필요가 있다.

이 사실은 중요한 의미를 내포한다. 왜냐하면 칼륨과 나트륨을 동시에 동일하게 섭취하기가 쉽지 않은 만큼, 아무래도 어느 한쪽으로 쏠리는 현상이 생길 수밖에 없기 때문이다. 그렇게 되면 몸이 곧 망가질 것 같지만 실제로는 그렇지 않다.

물론 그냥 내버려두면 틀림없이 병이 나는 것은 당연하다. 그렇다고 해서 즉시 죽음에 이르는 것은 아니다. 어떤 형태로든지 생명은 유지된다. 그렇다면 이시즈카 사겐의 주장이 옳다고 가정했을 때, 현실 세계에서 섭취하는 타이밍에 차이가 있음에도 불구하고 생체의 균형을 유지할 수 있는 것은 과연 무엇 때문일까?

이에 대한 해답을 제시한 사람이 바로 프랑스인 과학자 루이 케르브랑Louis Kervran이었다. 참고로 왜 이 대목에서 케르브랑에 대해 언급하는가 하면, 마크로비오틱의 창시자인 사쿠라자와도 분명 케르브랑에 관심을 가지고 있었기 때문이다. 이는 사쿠라자와가 케르브랑의 《자연 내 원소 변환》과 《생체 내 원소 변환》이라는 두 권의 책을 번역해 출간했다는 사실을 통해서도 알 수 있다.

칼륨이나 나트륨은 섭취하지 않아도 체내에 생성되기 때문에 앞에서 언급한 의미의 균형이 유지된다. 그렇다면 부족한 원소가 체내에서 저절로 생성되고 있다고 생각할 수밖에 없다.

서양의 경우 이미 18세기부터 체내에서 원소가 생성된다는 현상이 널리 알려져 왔다는 사실을 여러분은 혹시 알고 있는가? 이는 1799년, 프랑스의 약학자이며 화학자인 니콜라 루이 보클랭Nicholas Louis Vauquelin이 암탉을 이용한 실험을 통해 도출한 연구 성과였다.

보클랭은 일부러 칼슘이 아주 조금 섞여 있는 사료를 암탉들에게 주었다. 그러자 이 암탉들이 낳은 알에 포함되어 있는 칼슘 양이 분명히 그 암탉들이 섭취했던 칼슘 양보다 다섯 배가량이나 많았다.[17] 물론 당시의 연구 수준으로는 왜 그런 현상이 발생하는지, 보클랭 자신도 밝혀내지 못했다.

그러나 그 후 19세기 내내 잇따라 똑같은 현상이 다양한 생물의 체내에서 발생했다. 그렇다보니 사람들은 어느새 그 같은 현상, 즉 생물의 체내에서 특정 원소가 다른 원소로 바뀌는 현상을 '생체 내 원소 변환biological transmutations'이라고 부르게 되었다.

제2차 세계대전 후 이 현상에 대해 다시 프랑스에서 적극적으로 연구를 하기 시작한 사람이 있었다. 그가 바로 루이 케르브랑이었다. 케르브랑은 원래 노동 의학을 전공한 생화학자였는데, 공무원으로서 연구를 지속하고 있었다.[18]

1955년 파리 노동위생국에 근무하던 케르브랑은 한 가지 이해할 수 없는 사안에 직면했다. 노동자들이 일산화탄소 중독으로 실려 나갔는데, 정작 그 현장에 가보면 어디에도 일산화탄소의 흔적은 남아 있지 않았다.

있는 거라고는 철판과 그것을 가열하는 버너뿐이었다. 생각에 생각을 거듭한 케르브랑은 다음과 같은 결론을 도출해냈다.

- 높은 온도로 가열된 철이 고유 진동수에 상당하는 복사열을 방출해서 그것이 주위의 공기 속에 포함되어 있는 질소 분자에 흡수된다.
- 질소 분자의 고유 진동(진동체의 기준이 되는 진동으로, 진동체에 대한 몇 가지 물리량이 주어졌을 때 그 진동체가 갖는 특정 진동수의 진동)은 철과 근접한 위상을 지니는 파장 때문에, 낮은 맥놀이 현상(두 소리가 중첩되어 소리가 주기적으로 강해졌다가 약해지는 현상)이 발생하고, 그 불안정한 공진(외부에서 들어오는 진동이나 신호를 통해 어떤 특정

주파수의 진동이나 신호가 급격하게 강해지는 것) 에너지가 질소 분자의 원자핵에 작용한다.

- 버너의 연소 부족으로 말미암아 산소가 적은 공기가 사람 몸에 흡입되면 헤모글로빈(혈색소)에 포함된 철이 산소 대신 불안정한 질소 분자와 결합한다. 그 결과 몸속에서 질소 분자가 일산화탄소로 바뀐다.

다시 말해서 사람의 몸속에서 원소 변환이 일어나고 있다는 것이다. 자연계에 그냥 존재하는 원소가 특출한 고에너지라는 난폭한 수단을 이용하지 않고도 슬며시 변환되고 있다는 사실을 알게 된 케르브랑은 그 후에도 열정적으로 연구 저서를 발표했다.

《생체 내 원소 변환*Biological Transmutations*》, 《지질학과 물리학에 있어서의 미량 에너지 원소 변환에 관한 증명*Preuves en Geologie et Physique*》, 《생물학에 있어서의 미량 에너지 원소 변환에 관한 증명*Preuves en Biologie*》, 《생물학적 원소 변환과 현대 물리학*Transmutaitions Biologiques et Physique Modern*》 등의 저서를 계속해서 학계에 제출했다. 그렇게 열정적으로 활동한 케르브랑은 노벨상 후보자로 선정될 만큼 유명해지기도 했다.

그러나 세계사는 케르브랑을 인정하지 않았다. 학회에서 철저하게 비난받은 케르브랑은 노벨상은 물론 연구자로서도 사실상 매장되었다. 그리고 생체 내 원소 변환이라는 업적은 완전히 은폐되어 언급하지도 못하게 되었다. 결국 밀교가 되었던 것이다.

프랑스는 물론 심지어 서양 학계의 중진들은 케르브랑의 연구 업적을 전혀 이해하지 못했다. 그러나 음양 사상의 측면에서 볼 때 케르브랑의 주장은 지극히 당연한 사실이었다.

앞서 언급했던 음양오행설을 떠올리면 쉽게 이해할 수 있을 것이다. 목, 화, 토, 금, 수는 서로 연결되어 주기를 그리면서 다른 것으로 변해간다고 이미 설명한 바 있다. 다시 말해서 서양적인 풍토에서는 변화할 리 없다고 부정하는 이 원소 변환 현상을 수용하는 사고방식이 바로 음양 사상인 것이다. 그리고 아무리 무시하고 은폐한다고 해도 케르브랑의 주장은 분명한 진실이다.

## 새로운 도전을 시도하는 밀교

앞서도 언급했듯이 일본에서의 음양 사상은 전후 철저하게 배척되어 밀교로 탈바꿈했다. 그 결과 어떤 상황이 발생했을까?

한쪽으로는 일본인이라면 누구나 알고 있는 원리원칙(음양 사상)이 여전히 존재했다. 그리고 다른 한쪽에서는 그것에 대해 공개적으로 언급하는 것조차 꺼려했다. 뿐만 아니라 방송이나 출판과 같은 언론 매체에서조차 거론되지 않았다. 오히려 원리원칙에 반대되는 사실들이 언급되었다.

이렇게 대중의 지식으로서의 밀교와 공공의 지식으로서의 현교의 괴리는 커져만 갔다. 특히 밀교의 주역이 제2차 세계대전 전범의 주역으로 도약했을 때 밀교와 현교의 괴리는 절정에 달했다. 그들에게 있어서 제2차 세계대전은 서양에서 들어온 현교에 대해 동아시아에서 자생한 밀교가 도전장을 낸 싸움이었다.

그러나 그들은 전쟁에서 패했다. 왜 졌는지 깊이 생각할 겨를도 없이 즉시 그들은 가난에 찌든 일상생활이라는 종전 직후의 현실 속으로 내몰렸다.

그러면서 그들은 깨달았다. 그런 극심한 빈곤에서 일본을 구해내기 위한 방도를 찾는 곳에 그들이 싸워야 할 새로운 전쟁터가 있다고 여겼다.

그리고 그들은 현교로서의 성격을 지니는 전후 아카데미즘과는 완전히 다른 곳에서 활발하게 연구를 지속했다. 그리고 그런 과정을 통해 습득한 지식들이 서서히 쌓이면서 일본 내에서 대중의 지식이라는 의미를 지니는 밀교로 승화하게 된다.

그런데 이러한 밀교로서의 지식은 결코 거대 언론에 의해 보도된 적이 없다. 인터넷 세상임에도 불구하고 우스꽝스러울 만큼 입소문을 통해 사람에게서 사람으로 전달되었다.

그런데 밀교에 대해 약간이나마 언급을 하고 있는 책이 있기는 하다. 아기 요네토阿基米得가 쓴 《가타카무나 문명의 비밀》이라는 책이 그것이다. 가타카무나는 선사 시대에 존재했던 문명을 일컫는다. 이 책에는 다음과 같은 구절이 담겨 있다.

> 제2차 세계대전이 한창일 무렵 일본 육군의 요청으로 만주로 건너간 나라자키 고게쓰楢崎皐月라는 물리학자는 몇 군데 다른 지점에서 소규모 실험용 용광로를 가동하고 있었다. 그런데 동일한 원료를 사용

하고 동일한 용광로에서 동일한 방법으로 철을 만들고 있는데도 위치에 따라 품질에 현저한 차이가 생기는 것을 발견했다. 우량품만 만들어내는 용광로와 불량품만 만들어내는 용광로로 확실하게 구분되었다. (중략) 어느 날 문득 떠올랐다. 항상 우량품을 만들어내는 용광로는 숲이 푸르게 우거진 지역에 있었지만, 불량품만 만들어내는 용광로는 황무지에 있었던 것이다.

환경 조건에 미묘한 차이가 있다. 그것이 식물의 생육과 철의 품질에 결정적인 영향을 미치고 있다고 추측했다.

여기서 말하는 나라자키 고게쓰는 1899년 홋카이도 삿포로에서 태어났다. 1917년 고등학교를 졸업한 뒤 지원병에 응모해 소위로 임관했다. 그와 동시에 일본전자공업주식회사가 운영하는 전기전문학교에서 공부했다.

18세 되던 해 그는 일본석유주식회사와 계약을 체결해 특수 절연 기름을 개발함으로써 사업화하는 데 성공했다. 이른바 현교에서 지칭하는 지적 엘리트는 아니었지만, 젊은 시절부터 발명가로서의 재능을 활짝 꽃피운 뛰어난 물리학자였다.

그리고 1943년 일본 육군의 요청으로 만주(현재의 중국 동북부)에 있는 제철 시험소에서 소장으로 근무했다. 그때도 불순물이 많은 철광석을 녹여 양질의 강철로 만드는 작업을 진두지휘했다. 위 인용문에 소개된 내용이 바로 그 무렵의 일이었다.

그러나 아기 요네토는 같은 책에서 "실상인즉, 나라자키 고게쓰가 만주에서 연구하고 있었던 것은 전혀 달랐다."고 말하고 있다.

> 1943년 무렵 나라자키 고게쓰는 만주 지린성으로 이주했다. 그 경위에 대해 그의 딸은 다음과 같이 증언했다. "군의 비밀 지령에 따라 오늘날 일컫는 원자력(아버지는 질량 세력이라고 말했지만)에 관한 기초 연구 비슷한 것을 하기 위해서였다. 표면상으로는 제철 시험장 근무였지만, 실은 불순물이 많은 철광석에서 양질의 철을 정련하는 연구도 하고 있었다."

아기 요네토는 위 증언을 실마리 삼아 조사와 연구를 거듭했지만, 결국 의문을 밝히지는 못했다. 그렇지만 한 가지 명확한 사실을 찾아냈다.

그것은 앞에서 말한 철이든, 당시의 최첨단 기술이었던 원자력이든 나라자키 고게쓰가 연구를 통해 규명했던 사실은 분명히 아카데미즘에서 말하는 현교의 영역을 초월하고 있다는 점이었다. 이것이 전후 나라자키 고게쓰로 하여금 여기서 말하는 밀교의 세계로 단숨에 몰입하게 했다.

나라자키 고게쓰를 밀교에 올인하게 했던 것은 주변 인맥이었다. 원래 나라자키 고게쓰는 세계 최종 전쟁론과 동아연맹운동으로 널리 알려진 전 관동군 참모 이시와라 간지石原莞爾와 절친한 사이였다.

전후, 좌익 진영으로부터 철저히 기피되고 배척되었던 인맥에 속해 있는 이상 대륙에서 철수한 나라자키 고게쓰를 기다리고 있는 운명은 가혹하기 짝이 없었다. 그러나 이때 구세주가 등장했다. 호시 제약의 사장인 호시 하지메星一였다.

단편소설보다도 짧은 대표적인 초단편 소설 작가인 호시 신이치星新一의 아버지이며 중의원이기도 했던 호시 하지메는 군 관련 최고 기술진이 와해되는 것을 안타깝게 여겨, 자기 돈을 들여 나라자키 고게쓰를 비롯한 구 육해군 과학자들을 불러 모아 단체를 만들었다.

'화성회化成會'라고 불리는 그 비밀 과학자 단체는 얼핏 보면 부유층 사교클럽과도 비슷했다. 그러나 실제 임무는 엄연히 달랐다.

> 호시의 지원은 분명히 부유층 사교클럽을 지향하는 데 있지 않았다. 패전 직후의 빈곤 상태 탈피와 식량위기 대처라는 거시적인 시야에서 방위 산업에 기여한 학자들의 탁월한 지식을 결집해 새로운 농업 기법을 개발하는 데 있었다.

그러나 갑작스레 예기치 못한 불행이 닥쳐왔다. 1951년 호시 하지메가 세상을 떠나고 만 것이다. 임무를 부여하던 리더인 호시 하지메의 부재로 말미암아 화성회는 존속마저 위태로워졌다. 그러나 나라자키 고게쓰 등은 그래도 어떻게든 연구를 계속해 마침내 하나의 농업 방법론을 구축했다. 그것이 '식물파 농법'이었다.

음양 사상에 대한 이야기를 끌고 가다 말고 왜 갑자기 농업 이야기를 하는지, 도대체 논의의 초점이 무엇인지, 여러분들로 하여금 의아한 생각을 갖게 할 수도 있을 것이다.

그러나 걱정할 필요는 없다. 실은 바로 여기서부터 전후 일본의 밀교가 시작되기 때문이다.

전후 식량난이라는, 이른바 형태가 바뀐 전쟁이 벌어지고 있는 가운데 특히 심각하게 대두되었던 문제가 1953년에 발생한 대흉작이었다.

그러자 중화학공업화를 통해 경제 부흥을 이룩하고자 했던 일본의 현교 엘리트들은 화학약품인 농약 사용을 확산하기 위해 전국을 돌면서 새로운 농법을 소개했다.

반면 좌익 진영(이것도 서양에서 전래된 사상에 근거한다는 의미로 형태를 바꾼 현교)은 구소련의 야로비 농법yarovizatsiya을 대대적으로 홍보했다. 물론 소련을 지상낙원으로 홍보하기 위해서였다.

한쪽은 농약으로 일관하고, 다른 한쪽은 이데올로기를 통한 세뇌로 일관했다. 그 같은 방식들은 모두 나라자키 고게쓰로서는 전혀 납득할 수 없는 것들이었다.

나라자키 고게쓰가 주목했던 것은 매우 단순했다. 앞에서 언급한 대로 만주에 식물과 농작물이 잘 자라는 우세 지대와 그렇지 못한 열세 지대가 있다는 점을 파악했다.

게다가 그 우세 지대와 열세 지대는 모두 특수한 규칙성에 따라 나열되어 있다는 사실 또한 발견했다. 구체적으로 말하자면 그것들은 서로 그물망 모양을 형성하고 있었다. 나라자키 고게쓰는 전후 귀국하자마자 일본 각지를 돌면서 그 그물망 모양을 계측했다. 땅에서 발산되는 전기와 땅이 연동하고 있다고 여겨 전기를 측정하는 식이었다. 그 결과 다음과 같은 법칙을 도출해냈다.

- 사방 고점을 연결한 곳은 우세 지대로서 식물이 잘 자라고 거주하기에 적합한 공간이다.
- 사방 저점을 연결한 곳은 열세 지대로서 식물이 잘 자라지 못하고 거주하기에 적합하지 않은 공간이다.

농업을 영위하는 사람들은 기술자처럼 전류계를 가지고 다니지는 않는다. 그래서 나라자키 고게쓰는 전류를 측정해 각각의 토지에 대한 데이터를 통해 일련의 법칙을 찾아내면 눈대중으로 즉시 결론을 내릴 수 있다고 생각했다.

그 결과 도출된 법칙이 '상이상학相似象學'이었다. 상이상학은 풍경을 관찰해 서로 비슷한 관계를 도출하는 방법에 관해 연구하는 학문이다.

그리고 농민들이 자신의 눈으로 봤을 때 사방이 산으로 둘러싸여 있다고 판단되면, 그 토지는 농사를 짓는 데 적합하다(고전위, 우세 지대, 이야시로치)고 했다. 반대로 각 산의 골짜기를 연결한 선(열세 선)이 교차하는 곳은 농사를 짓는 데 적합하지 않다(저전위, 열세 지대, 게가레치)고 했다.

나라자키 고게쓰는 이와 같이 도출한 법칙을 토대로 《정전삼법靜電三法》이라는 자신의 저서에서 다음과 같이 설명하고 있다.

**그림 13** 풍경 공학은 생태학을 초월한다

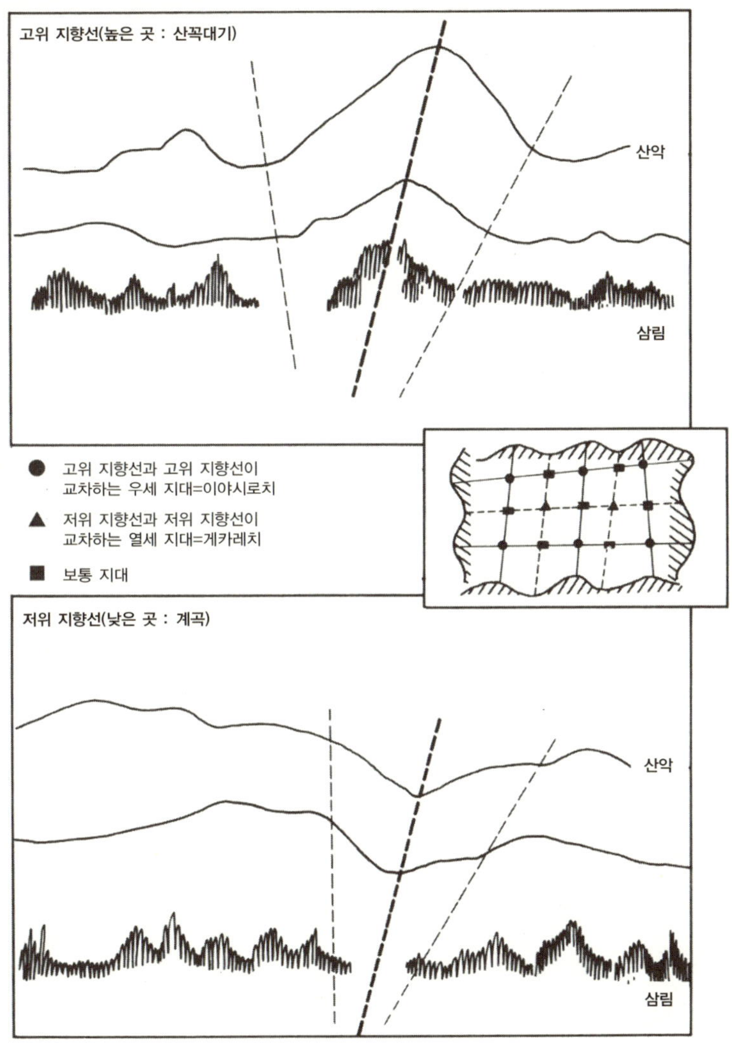


출처 : 나라자키 고게쓰, 《정전삼법》

• 땅 위에 심은 작물뿐만 아니라, 사람이 사는 집과 그 집에서 사는 사람들의 건강 상태, 그리고 우리 안에서 사는 가축의 건강 상태와 인위적으로 놓인 물질의 성질과 상태 변화에도 예외 없이 당해 토지 및 당해 장소의 상이상적 운명이 부여되므로 주택, 공장, 병원 등을 짓거나 경작할 땅을 설정할 때 상이상적 운명을 가장 먼저 고려해야 한다.
• 인위적으로 평평하게 조성한 토지에서도 저위 지향선이 복잡하게 교차하고 있는 곳이 많다. 도로 등을 제아무리 포장할지언정 파손되는 지점, 침하하는 지점, 그리고 융기하는 지점은 모두 도로 건설을 할 때부터 정해져 있다. 돌담, 콘크리트 등을 쌓을 때도 파손되는 곳은 처음부터 상이상 관측도를 통해 예측할 수 있다. 그곳은 저위 지향선의 연장선상에 있으며, 대부분 저위 지향선이 교차하는 장소다. 이는 도로, 교량, 기타 토목 공사를 할 때 반드시 필요한 기초 지식이다.

그러면 어째서 그런 현상이 생기는가? 나라자키 고게쓰는 지구의 자전과 공전 운동이 그 원인이라고 했다. 그러나 여기서 설명하자면 내용이 지나치게 복잡해지므로 지구물리학에 관해서는 굳이 논의하지 않기로 하겠다.

그보다 중요한 사실은 나라자키 고게쓰가 전위, 전류라는 현교 엘리트들조차 겨우 이해할 수 있을 정도의 단어를 사용하면서도 플러스와 마이너스, 즉 음양을 토대로 한 법칙을 도출했다는 점이다. 게다가 훈련을 거듭하면 누구나 가능한 '눈대중'을 중시하기도 했다.

이는 아주 먼 고대 시대부터 음양사들이 실행했던 것과 똑같은 방식이다. 사방이 산으로 둘러싸여 있다는 것은 다른 말로 표현하면 현무, 청룡, 백호, 주작이라는 산들로 둘러싸여 있다는 것과 같은 조건을 의미한다.

이를 전통적인 음양 사상에서는 용혈이라고 불렀지만, 나라자키 고게쓰는 순수한 일본어인 이야시로치라고 불렀다. 그리고 전자에서는 "용혈의 기가 좋다."고 표현했고, 후자에서는 "이야시로치는 고전위다."라고 설명했다. 그 정도 차이만 있을 뿐이다.

말하자면 이때 음양 사상이 모습을 바꿔 다시 등장한 것이다. 게다가 나라자키 고게쓰는 이 법칙을 전제로 새로운 전쟁인 식량 부족을 해소하기 위해 구체적인 방법론을 제시했다.

"음양 이온의 공간은 부근에 전위 경사면을 각각 구성한다. 음이온은 식물의 생육에 좋은 영향을 미치고, 양이온은 반대로 악영향을 끼치는 존재다."라는 사실을 전제로 '지상 조건을 변화하고 조정'함으로써 대기 전위(대기 중에서 일어나는 전기 현상을 총칭하는 말)를 조정하자고 했다. 그리고 흙을 높게 쌓거나 금속 공작물을 설치하는 방식에 대해 설명했다.

나는 나라자키 고게쓰가 주장하는 이 식물파 농법의 타당성을 입증할 방법이 없다. 이 책을 통해 식물파 농법을 소개하는 것 또한 그 농법을 권장하기 위해서가 아니다. 그러나 한 가지 분명한 사실은 서양에서 전래된 지식이라는 의미로서의 현교를 거론하는 엘리트들에게 식물파 농법이 전혀 받아들여지지 못했다는 점이다. 그들의 입장에서 보면 그것은 논의의 대상이 되지도 않을뿐더러 거들떠볼 가치조차 없었다.

하지만 그렇기 때문에 식물파 농법은 일본 내에서 밀교로서 계속해서 존속하게 된다. 누가 뭐라고 해도 그게 얼마나 뿌리 깊은 것인지는 식물파 농법에 대해 기술한 유명 컨설턴트 후나이 유키오船井幸雄의 저서 《이야시로치-만물이 소생하는 곳이 있다》를 통해서도 잘 알 수 있다. 이 책이 오랜동안 스테디셀러라는 것 또한 그 사실을 뒷받침하는 증거다.

이번 장에서는 현대 일본에서 밀교가 된 음양 사상의 모습에 대해 고찰했다. 마지막으로 빠뜨리지 말고 반드시 언급해야 할 내용이 있다. 그것은 음양 사상이 단순한 아이디어를 뛰어넘어 이미 현실화되고 있다는 사실이다.

구체적으로 말하자면, 지금 일본 내에서는 새로운 기술들이 잇따라 생겨나고 있다. 그런데 어찌된 영문인지 그것들은 모두 서구 과학기술의 의미로서의 현교를 떠받치는 아카데미즘이 아니라, 초라한 소규모의 동네 공장과도 같은 현장에서 속속 생겨나고 있다.

그럼에도 현교의 주역들은 절대로 그런 기술의 유효성을 인정하려 들지 않는다. 그런 이유 때문에 지금까지 그와 같은 새로운 기술들이 잇따라 생겨나도 일반인들에게 알려지는 경우가 전혀 없었다. 나중에 언급하겠지만, 그러나 그와 같은 기술은 음양 사상의 측면에서 볼 때 매우 당연한 것이었다.

그런데도 하필이면 왜 지금 이 순간, 게다가 일본이라는 나라에서 생겨났는지 참으로 마음에 걸린다.

밀교가 되어 학대를 받아온 음양 사상이 마침내 스스로 모습을 드러내기 시작한 거라고 다소 해학적으로 표현할 수도 있을 것이다. 만약 그렇다고 한다면 음양 사상은 이제부터 우리들을 과연 어디로 인도하려는 것일까?

## 음양 사상의 역습과 대항

앞의 물음에 대한 답을 찾기 위해서라도 먼저 다음 두 가지 기술에 대해 간단히 소개하고 넘어가도록 하자. 이는 모두 이 책을 한창 집필하고 있을 무렵인 2011년 봄, 나에게 전달된 정보들이다.

우선 A사가 개발한 기술이다. 그 회사는 가나가와현 히라츠카시에 위치해 있다. 이 회사는 동네 공장보다 작은 소규모 부류에 속한다. 최첨단 연구소와는 전혀 거리가 먼 작고 초라한 환경에서 연구원들은 날이면 날마다 실험에 매달려 있었다.

2008년 가을 어느 날, 연구원 한 명이 평소와 마찬가지로 특별한 목적 없이 어떤 세 개의 물질을 채워 넣은 셀 케이스를 가열하고 있었다. 그리고 아주 적은 양의 물을 셀 케이스에 넣으면서 불을 붙였다. 온도는 390℃ 정도였다.

그러자 수소로 된 불꽃이 여느 때보다 무려 세 배 이상 높게 솟아올랐다. 그러한 현상에 연구원뿐만 아니라 그곳에 있던 모든 사람들이 술렁거리기 시작했다.

좀 더 구체적으로 분석해본 결과 놀라운 데이터가 나왔다. 하필 헬륨3가 분출되었기 때문이다. 헬륨3는 널리 알려져 있는 헬륨의 동위원소isotope에 해당한다. 문제는 헬륨3가 핵무기 제조와 깊은 관계가 있다는 민감한 점이었다.

우주에는 헬륨3가 많이 존재하고 있다. 지구상에서 헬륨3가 생성되는 것은 주로 핵탄두 제조 공정에서 발생하는 트리튬tritium이 베타 붕괴를 할 때다. 그런데 미국도 오바마 행정부가 출범하면서부터 핵 없는 평화를 지향한다고 선언함으로써 오히려 핵탄두가 줄어들고 있는 실정이다.

실제로 2001년 무렵부터 헬륨3에 대한 수요가 공급을 웃돌고 있다. 그러면 어째서 헬륨3를 필요로 하는 것인가? 이는 핵 테러를 제압하는 데 사용하는 중성자 탐색기에 이용할 수 있기 때문이다.

게다가 2001년이라고 하면 바로 9·11테러가 발생한 해였다. 이슬람계 과격파가 주도하는 핵 테러에 대한 우려가 높아지면서 헬륨3가 불티나게 팔렸다.

그 때문에 미국은 범국가적으로 헬륨3를 구하는 데 동분서주했다. 한편 헬륨3는 수소 폭탄의 제조에도 사용할 수 있기 때문에 일본은 이를 전략 물자로 지정하고 있어서 쉽사리 수출할 수도 없었다.

그 회사는 수소 가스 제조라는 관점에서 수소 가스 제조 기술을 상업화하고자 했다. 그러나 그와 동시에 헬륨3가 생성되는 문제도 있었다.

이러한 문제는 국내외에서 파장을 불러일으켰다. 왜냐하면 헬륨3를 이용하면 수소 폭탄 제조까지 가능하기 때문이다. 하물며 미국 측이 뭐라고 할는지도 예측할 수 없는 상황이었다. 언젠가 이명박 정부가 수소 가스 제조 기술을 매수하고 싶어 한다는 이야기를 우연히 들은 적이 있다. 청와대에서 직접 논의했다고 하니 상당히 적극적인 듯했다.

이 같은 기술을 개발한 A사 간부의 말을 나는 잊을 수가 없다.

"이 기술은 아무리 생각해도 원소 변환을 일으키게 합니다. 그렇다고 여기에 대해 침을 튀어가며 설명한들 학자들은 절대로 수긍하지 않습니다. 그리고 학자들이 인정하지 않는 이상, 일본의 대기업은 이 기술을 매수하지 않습니다."

그리고 또 하나의 기술로는 도쿄 중심가 분쿄구에 위치한 EEN[19]이라는 주식회사가 개발한 자원재활용 장치인 'EE21'을 들 수 있다. 이것도 우연히 알게 된 기술인데, 이 장치를 이용해 생산되는 상품을 보고는 솔직히 말해서 섬뜩한 느낌이 들었다.

〈그림 14〉는 이 EE21을 이용한 처리 과정을 나타내고 있다. 그림을 보면 알 수 있듯이 이 장치는 연소, 즉 산소를 이용하지 않으므로 유독 물질과 유독 가스가 나오지 않는다. 또 열 분해를 하더라도 450℃라는 저온 컨테이너에서 처리하기 때문에 대형 시설을 필요로 하지도 않는다. 실제로 톤당 5000만 엔 정도로 건설할 수 있다.

그림 14 'EE21'의 폐기물 처리 구조

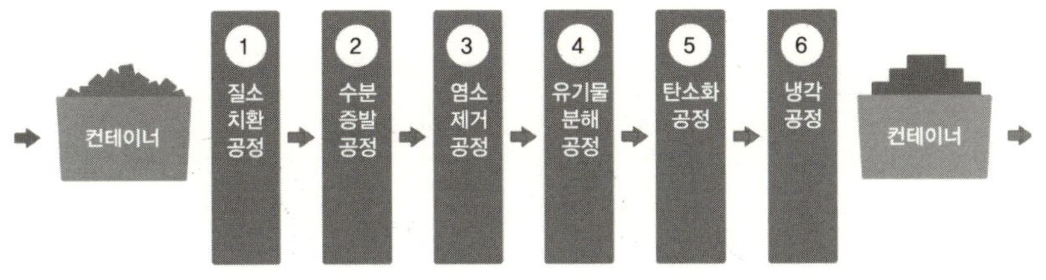


출처 : EEN(Enterprise Europe Network)

하지만 이 사실만 놓고 보면 단지 폐기물 처리와 관련한 새로운 기술을 개발했다는 정도에 그칠 뿐이다. 그러나 정말로 놀라운 사실은 따로 있다. 이 처리기를 통해 배출되는 물질은 숯이다. 그리고 그 숯을 분석한 결과 97퍼센트 이상이 탄소로 이뤄져 있다는 사실이 밝혀졌다. 이것은 전자 현미경으로 관찰해봐도 너무 작은 미립자였으며, 흔히 알려져 있는 탄소의 개념을 초월하는 것이었다.

그래서 EEN주식회사는 이 탄소를 '원자상 탄소'라고 명명한 뒤 계속해서 연구를 진행했다. 그러자 더욱 놀라운 현상이 나타났다. 그 몇 가지 예를 소개하면 다음과 같다.

❶ 원자상 탄소를 식품에 첨가하자 항산화 작용이 일어났다(즉 쉽게 부패하지 않았다).

❷ 사료에 원자상 탄소를 섞어 양식 물고기에게 주자, 즉시 성장하는 속도가 빨라졌다.

❸ 원자상 탄소만 넣은 채 24개월 동안 그대로 두자 완전히 단백질로 변했다

❹ 원자상 탄소 그 자체는 전기를 통하게 하지 않았다.

특히 세 번째 현상이 매우 놀라웠다. 나는 EEN주식회사의 사토 구니미치佐藤邦道 대표이사에게서 직접 설명을 들으면서 그 단백질로 변한 원자상 탄소를 견학할 기회가 있었는데, 그 순간 나도 모르게 이런 말이 흘러나왔다.

"이건…… 생명의 기원이다!"

활활 타오르는 지구가 서서히 식으면서 이윽고 지표에 탄소가 생성되고, 다시 탄소에서 단백질이 생성됨으로써 지금 이곳에 살고 있는 우리 인류가 탄생했다(인류의 탄생에 관한 가장 신빙성 있는 주장은 원시 지구의 대기에 번개 같은 고압 전류가 발생해 단백질을 이루는 아미노산을 형성했다는 밀러의 실험Miller-Urey Experiment). 이 엄청난 일들이 이 작은 비커 속에서 실증되고 있는 셈이었다.

그리고 네 번째 현상은 반도체와 매우 밀접한 관련이 있다. 지금 현대인의 생활에 반드시 필요한 가전제품과 휴대전화, 그리고 PC와 같은 OA기기에는 통상 무기반도체가 이용된다. 그러나 일본의 경우, 무기반도체의 주류를 이루는 실리콘을 수입에 의존하고 있기 때문에 국가 전략상 문제가 된다.

그 때문에 지금 일본에서는 무기물(실리콘)이 아닌 유기물을 이용한 반도체 개발을 진행중에 있다. 그러나 솔직히 말하자면 그 진행속도가 영 지지부진하기 이를 데 없다.

반면 이 EE21에, 예컨대 간벌목이나 목재칩과 같은 불필요한 물질을 투입해 원자상 탄소를 만들어낼 경우, 원재료비가 크게 절감된다. 또한 원자상 탄소 그 자체는 절연체지만, 그것을 조정해 전기가 통하도록 하는 것도 기술적으로 가능한 일이라고 EEN 측은 설명하고 있다. 그 결과 완전히 새로운 의미에서의 유기반도체를 일본 내에서 생산할 수 있게 되며, 더군다나 목재를 원료로 해서 생산할 수 있는 길 또한 열리게 되는 것이다.

1980년대 전성기를 누렸던 일본의 반도체가 쇠퇴한 지 오랜 시간이 흘렀다. 이때 원재료비의 획기적인 비용 절감은 이처럼 침체된 상황을 크게 개선시키는 계기가 될 것이다.

게다가 일본은 원래 자원이 부족한 나라다. 무엇보다 국내에 자원이 존재한다는 것은 국가 전략상 매우 바람직한 현상이다.

EEN주식회사의 한 간부는, 하지만 한 가지 매우 성가신 점도 있다는 말을 덧붙였다. 지금까지의 유기화학을 전제로 할 경우, 어째서 그런 성질을 지닌 원자상 탄소가 나타나는지 전혀 설명할 수 없다는 것이다.

어떤 사람은 단백질이 되는 것을 보고서 원소 변환이 이뤄지는 거라고 말했습니다. 솔직히 말하자면 잘 모르겠습니다. 그러나 실제로 생성된 원자상 탄소를 보십시오. 그러면 그것이 완전히 상식을 뒤엎는 물질이며, 그렇기 때문에 지금까지는 불가능했던 것도 가능하게 하는 거라고 생각합니다.

일반적으로 설명하면 EE21은 폐기물 처리 장치로 인식될 뿐이다. 그 때문에 EEN주식회사는 일본의 복잡하게 얽힌 폐기물 관련 행정 때문에 매우 어려움을 겪고 있다. 왜냐하면 일본에서는 지자체 수장이 만약 신규 폐기물 처리 시설 건설 등에 대해 언급이라도 하려 하면 즉시 선거에서 낙선하는 등식이 성립되기 때문이다. 그만큼 폐기물 관련 행정의 난맥상은 매우 심각한 문제다.

그러나 EE21에 투입하는 게 폐기물이 아니라는 논리를 증명할 수 있다면 그런 문제를 해결할 수 있을 것이다. 그리고 그렇게 할 때 관건이 되는 것은 EE21를 통해 생산되는 자원(액화물, 연료, 탄소 원료 등)이 과연 어느 정도 부가가치를 지니는가 하는 것이다. 그런 의미에서라도 유기반도체에 응용해야 하는데, 그러기 위해서는 관민 합동으로 대처할 필요가 있다. 그만큼 엄청난 일이기도 하지만, 동시에 그만큼 가치 있는 작업이기도 하다.

그런데 만약 원재료가 되는 목재를 조달하게 되면 지역 경제를 떠받치는 임업과 충돌할 가능성도 커진다. 그렇기 때문에 지자체의 중재가 반드시 필요하다. 그러나 만약 지금까지 완전히 소외된 지역의 임업이 일본 경제의 근간에 해당하는 반도체의 원재료가 된다면 그야말로 코페르니쿠스적인 전환이 일어나는 것이다. 이미 그 고장에서 난 것을 그 고장에서 소비하는 것처럼 지금까지의 소극적인 지역 활성화 시책을 능가하는 효과를 낳게 된다.

그러나 불행하게도 서양의 과학기술이라고 하는 현교에 현혹된 일본의 대기업들은 여전히 EE21에 관심을 보이지 않고 있다. 반면 이탈리아, 사우디아라비아 등 해외에서 서서히 상담이 들어오고 있다고 한다.

그렇지만 이런 식으로 기술이 그냥 유출되는 것은 대단히 안타까운 일이다. 실제로 EE21과 관련해서 일어나고 있는 여러 현상들이 원소 변환 때문인지는 확신할 수 없다. 그렇지만 만약 그렇다면 이것이야말로 음양오행설의 연장선상에 있는 것이며, 음양 사상 그 자체가 현실화되어 나타나는 거라고 단언할 수 있다.

게다가 EE21이 처리하는 물질은 원래 필요하지 않은 불용물이다. 서구 스타일의 현교에서는 폐기물로 취급하는 것들이다 보니 처치가 곤란한 나머지 급기야 불법 투기까지 하는 사건이 발생하고 있다.

그들이 폐기물로 취급해 내던져버린 그것들은 다시 만물의 흐름 속으로 유입되어 우리에게로 되돌아온다. 그야말로 동아시아의 전통적인 음양 사상과 완전히 일치한다. 원소 변환을 초월해 더욱 넓은 의미에서의 한국과 중국, 일본 그리고 동아시아 전체를 음양의 큰 물결 속으로 되돌아오도록 유도하고 있다.

이는 지난날 철저하게 밀교에 갇혀버렸던 음양 사상의 역습이며 실로 커다란 충격을 주는 사건이 아닐 수 없다. 그리고 현교, 즉 미국과 유럽이 지금까지 교묘하게 그리고 때로는 우격다짐으로 주입해온 흐름에 대해 정면으로 대항하는 것을 의미한다.

오늘날은 밀교가 현교를 도태시키고자 서서히 움직이기 시작하는 바로 그 시대다. 그러면 이와 같은 역사적인 움직임이 전개되는 가운데 동아시아에서 살고 있는 우리들은 무엇을 알아야 하고, 또 어떻게 해야 하는가?

마지막 장인 제4장에서 이 문제에 대해 고찰해보고자 한다.

# PART 4

# 탈 미국 시대를 위한 새로운 나침반

## '사막의 국민'의 음모와 '숲의 국민'의 대항

2011년 3월 11일 오후 2시 46분, 일본 동북지방 태평양 앞바다를 진원지로 하는 규모 9.0 이상의 대지진이 발생했다. 이 동일본 대지진은 수많은 이재민과 2만 명을 웃도는 사망자가 발생한 참혹한 대참사였다. 게다가 후쿠시마 제1원자력 발전소(이하 후쿠시마 제1원전)에서 방사성 물질이 광범위하게 확산되는 상황이 전개되면서 전 세계를 공포로 몰아넣었다.

공영방송인 NHK는 물론, 그때까지 그저 그런 예능과 오락 프로그램으로 일관하던 민영방송들도 일제히 원전 피해를 보도했다. 이 참혹한 현실은 방사성 물질이 초당 한 번 나오는 것을 측정하는 단위인 베크렐becquerel이나, 방사선에 노출되었을 때 인체가 얼마나 손상을 입는지를 나타내는 방사선 양인 마이크로 시버트와 같은 원자력 전문용어를 일상 대화처럼 사용하게 하는 끔찍한 사태로까지 몰아넣었다.

그리고 재임계(지진 때 자동으로 가동이 중단된 원자로에서 핵 연쇄 반응이 재개되는 것)라는 최악의 사태를 두려워한 나머지 사람들은 앞 다퉈 사재기에 나섰다. 주유소에는 끝을 알 수 없을 만큼 긴 자동차 행렬이 줄을 이었고, 수돗물에 방사성 물질이 대량으로 유입된 사실이 밝혀지자 편의점과 슈퍼마켓에서는 벌써부터 생수가 바닥을 보였다. 말 그대로 통제 불능의 사태가 되고 만 것이다.

동일본 대지진으로 말미암아 '새로운 현실'이 일본인들의 눈앞에 펼쳐졌다. 아니, 이 새로운 현실을 과거형으로 말하는 것은 옳지 않다. 후쿠시마 제1원전을 둘러싼 처리가 앞으로 수십 년 이상은 소요될 거라는 사실을 감안하면, 이 새로운 현실이야말로 앞으로 펼쳐질 일본인들의 일상생활이라고 해야 할 것이다. 이 새로운 현실의 한가운데 일본이 서 있다. 일본은 의도하지 않게 역사의 무대 중앙에 올라서고 말았다.

일본인들은 이 현상을 대체 어떻게 받아들여야 하는가? 또 이런 현실과 음양 사상에는 어떤 관계가 있는가?

머릿속에 복잡하게 얽혀 있는 생각들을 정리해보자. 먼저 동일본 대지진이라는 새로운 현실을 무시한 채 생각해보자.

그날그날의 세세한 시장의 움직임은 일단 제쳐두고 먼저 '큰 그림'부터 살펴보기로 하자. 그러면 무슨 영문인지 한국, 중국, 일본과 같은 동아시아 국가들이 세계 각국의 채무를 떠맡고 있다는 사실을 알게 될 것이다.

물론 거기에는 분명 이런저런 이유들이 존재한다. 그러나 어쨌든 동아시아 국가들이 세계의 채무를 떠맡고 있다는 것만큼은 분명한 사실이다.

그러면 동아시아 국가들이 그에 대해 공동으로 대응할 수 있느냐 하는 의문이 생긴다. 하지만 얼핏 봐서는 영 간단할 것 같지가 않다. 왜냐하면 미국이 앞장서서 온갖 수단과 방법을 동원해 동아시아 국가들을 분열시키려고 하고 있기 때문이다.

게다가 신흥 선진국으로 도약한 나라들에서 전형적으로 나타나고 있는 저출산과 고령화, 청년 실업 문제라는 과제가 산적해 있다. 2011년 2월, 간 나오토 정권 역시 '대지진, 방사능 유출, 정권 유지' 때문에 일본 국내 문제 처리에 급급해 있는 것처럼, 동아시아 국가들 또한 한결같이 여러 국내 문제에 직면해 있다.

이러한 문제들에 대해 그럭저럭 대체하고 있는 사이에도 미국과 유럽은 고삐를 늦추지 않고 있다. 다시 말해서 당하기 전에 움직이지 않으면 동아시아 국가들은 분명 바닥을 드러낼 만큼 국부를 빼앗기고 말 것이다. 그렇기 때문에 어떻게든 가능한 한  빨리 조치를 취해야 한다.

이에 대항하기 위한 근본 원리를 찾은 결과, 동아시아에 전통적으로 뿌리내리고 있는 음양 사상이 바로 그런 요구의 최적이라는 사실을 깨달았다. 고대 중국에서 시작된 음양 사상은 끊임없이 널리 확산되어왔다. 어느 때는 음양오행설로 또 어느 때는 풍수나 음양도로 우리에게 다가왔다.

그러나 노골적인 폭력을 가한 아편전쟁 이후, 동아시아를 습격한 미국과 유럽 앞에서 동아시아 국가들은 모두 무력화되었다. 이는 부정하고 싶어도 부정할 수 없는 명백한 사실이다. 그 때문에 음양 사상은 동아시아 내에서 잇달아 무시되고 은폐되었다. 그리고 그 자리를 대신해 근대화의 물결이 몰려왔다.

이러한 흐름은 결정적으로 제2차 세계대전이 초래한 충격에 의해 가속화되었다. 미국과 유럽, 즉 서양이 전파한 지식(현교)이 공식적으로 통용되는 세상이 펼쳐진 것이다. 반면에 음양 사상은 이미 밀교화 되어 공식적으로 입에 담지 못하도록 취급당하고 말았다.

그러나 이런 현상은 밀교가 사람들의 뇌리에서 완전하게 사라졌다는 것을 의미하지는 않는다. 동아시아 각국에서 종종 일고 있는 풍수에 대한 관심을 통해서도 알 수 있듯이, 실제로는 대중 속에 여전히 같이 호흡하고 있다. 게다가 때때로 엄청난 기세를 떨치기도 한다.

그렇지만 현교는 결코 음양 사상을 인정하지 않는다. 그들은 음양 사상을 전혀 무의미한 것이며 미신과 다를 게 없다고 치부했다. 실은 그런 식으로 말하는 당사자들이 집이나 무덤을 선택할 때 오히려 더 지리와 풍수를 유심히 살피면서 말이다.

서구적인 것들이 밀려들어오고 있는 지금, 음양 사상은 과연 그에 대항하는 원리가 되고 탈 미국 시대의 나침반이 될 수 있을까? 얼핏 보면 음양 사상이 궁지에 몰린 것처럼 비쳐지기도 하지만, 나는 그래도 여전히 음양 사상이 여기서 주장하는 대항 원리이자 근본 원리라고 확신한다. 왜냐하면 음양 사상을 궁지에 몰아넣은 미국과 유럽이야말로 어떤 의미에서는 더더욱 음양 사상의 원리에 입각해 행동하려고 하기 때문이다.

이에 대해 나는 《세계통화전쟁 후의 지배자들－로스차일드가와 황금 나라의 '밀약'》이라는 책을 통해 다음과 같이 기술했다.

> 사막의 국민들은 자연환경과 맞서고, 그것에 힘을 가해 빼앗고, 게다가 앞으로 나아간다. 그렇게 하지 않으면 생존할 수 없는 이상, 어쨌든 앞으로 계속 나아가 결단과 선택을 반복한다. 그것이 극단적인 형태를 취하면 말 그대로 욕망의 덩어리가 되고 과도한 금융 자본주의excessive capitalism가 된다.
>
> 그렇기 때문에 그들은 지나치게 초과한 부분, 지나치게 차지한 부분에 대해 제동을 걸려고 한다. 이것이 미국에서 말하는 수입과 지출의 원리다. 그러나 이 부분에서 전제가 되는 것은 어디까지나 자연환경에 힘을 가하고, 그것으로부터 빼앗고, 게다가 앞으로 나아간다는 행위의 반복이다. 그리고 끊임없이 빼앗기 때문에 수입과 지출이 균형을 이룬 시점에서 전체적인 용량이 무한대로 증가한다.
>
> 반면 숲의 국민들은 본래 자연환경에 힘을 가하는 방법을 모른다. 왜냐하면 그렇게 하지 않아도 생존하는 데 전혀 지장이 없기 때문이다. 따라서 거기에서는 은총이 부여되고, 그것을 안겨다준 자연환경이 지금 모습 그대로 있는 것에 최대한의 관심을 두게 된다. 왜냐하면

그렇게 하는 게 가장 합리적인 생활방식이기 때문이다.

즉, 숲의 국민들에게 수입과 지출의 원리란 자연환경과의 관계에서 현상 유지를 전제로 한다. 어디까지나 자연이 현 상태 그대로 있는 것을 기본으로 삼는 것이다. 그리고 그런 균형 상태를 유지하기 위해 염두에 두는 게 수입과 지출의 원리다.

여기서 말하는 사막의 국민이란 미국과 유럽을 가리킨다. 이에 반해 숲의 국민이란 일본과 한국을 가리킨다. 하지만 나는 동아시아로 숲의 국민의 범위를 좀 더 넓히고 싶다.

이렇게 말하면 어떤 석학들은 대체 무슨 소리를 하는 거냐며 발끈할지도 모르겠다. 예를 들면 지금 중국이 일본의 삼림을 사들이고 있기 때문이다. 그렇다 보니 교묘하게 수자원을 확보하려고 한다는 우려가 일본 내에 급작스럽게 확산되고 있다.

그런 가운데 중국은 삼림이 황폐화된 나라라는 지적이 제기되고 있다. 왜 중국의 삼림이 황폐해졌는가 하는 것에 대해서는, 양과 염소를 기르는 목축에서 그 원인을 찾아볼 수 있다(유엔 환경 계획의 보고에 의하면, 지나치게 많은 수의 가축을 방목하거나 적절하지 않은 가축을 방목함으로써 초지를 지나치게 많이 이용하는 것이 사막화와 삼림 황폐화를 초래하는 원인이 되고 있음을 지적하고 있다). 그리고 동시에 중국인의 자연에 대한 접근 방식이 여기에 크게 영향을 미치고 있다는 지적이다.

현재의 상황에서 볼 때 중국의 삼림 황폐화는 정도가 너무 심해 그냥 지나치기에는 그 문제가 매우 심각하다. 그런 의미에서 본다면 일본과 한국의 입장에서는 엄청난 위화감을 느낄 수밖에 없다.

그렇다고 해서 중국 측이 이런 심각한 사안을 모른 채 하고 있느냐 하면 전혀 그렇지만도 않다. 1990년대 말 무렵부터 중국은 이 문제에 대해 인식을 달리하고 있다. 특히 1998년 여름 양쯔강이 범람하여 1320명의 사망자가 발생한 일을 계기로 중국이 방향을 전환한 것이다. 중국 정부는 삼림 복구를 최우선 과제 중 하나로 추진하고 있으며, 일본이 그에 따른 기술 지원을 원조하고 있는 실정이다.[20]

다시 말해서 중국도 이런 의미에서 서서히 눈을 뜨고 있다고 볼 수 있다. 이런 사실에 입각해 그와 같은 깨달음을 통해 얻게 되는 것에 대한 기대감을 지금이야말로 적극적으로 고려할 때다.

그것이 자연을 있는 그대로 받아들이고 거기서 균형점을 가장 중시하자는 발상인 음양 사상이다. 원래 이 음양 사상의 발상지는 중국이다. 그런 만큼 중국의 음양 사상으로의 회귀는 얼마든지 가능한 일이다. 이는 서양 문자가 섞인 외래 사상을 무리해서 받아들이는 것과는 전혀 다르다.

이처럼 어느 정도의 기대감과 함께 앞서 말한 숲의 국민에 동아시아, 특히 중국도 포함시켜야 한다. 그리고 바로 그 중국 스스로도 지금 당장 위의 사실을 고려해야만 하는 커다란 이유가 있다. 서양식 금융 자본주의에 지나치게 적응해버린 결과, 그들이야말로 정말 미국과 유럽이 공격하기에 알맞은 표적이 되고 있기 때문이다.

2011년 2월, 프랑스 파리에서 G20 재무부 장관, 중앙은행 총재회의가 개최되었다. 지금 가장 활력이 넘치는 지도자 가운데 한 사람인 사르코지 대통령이 기조연설에서 G20에서의 성과 도출을 목표로 한다고 공언한 만큼 크게 주목을 받은 회합이었다.

그리고 공동선언문communique을 정리해 발표했는데 거기에는 다음과 같은 내용이 담겨 있었다.

> 우리는 강하고 지속가능하며 균형 있는 성장을 달성하기 위한 모든 G20 국가들의 정책 공조에 대한 약속을 재확인한다. 우리의 주된 최우선 조치는 토론토에서 약속한 바와 같이 각국 상황에 따라 차별화된 중기 재정 건전화 계획의 실행, 경제 기초 여건을 보다 잘 반영하기 위한 환율 유연성 강화, 그리고 구조 개혁을 포함한다. 이는 글로벌 수요를 유지하고, 잠재 성장률을 증가시키고, 고용 창출을 육성하며, 글로벌 재균형화rebalancing에 기여하기 위함이다. 우리는 서울 정상회의 이후 진척 사항에 대해 논의했고, (과도한 불균형을 축소하고, 다자간 협력을 통해 경상수지 불균형을 지속가능한 수준으로 유지할 필요성을 강조했다.)[21]

이 회담이 열리기 전부터 표적이 되었던 것은 대외 무역으로 부를 벌어들여 막대한 외환 보유고를 축적한 중국이었다. 물론 중국은 강하게 반발했다. 그런 만큼 이번 회합에서는 글로벌 재균형화와 과도한 불균형을 바로잡기 위해 무엇을 해야 하는지, 미리 정한 평가 지표를 보면서 논의하기로 결정한 것이다.

특히 미국은 그런 평가지표 가운데 하나로 '경상수지'라는 단어를 넣자고 강력하게 주장했다. 이것에 대해 중국은 경상수지라는 단어가 명시되지 않도록 하기 위해 맹렬하게 외교 공세를 가했다.[22]

여기서 말하는 경상수지란 일정 기간 동안의 국제수지 가운데 상품 및 서비스의 경상 거래에 의한 수지를 나타내는 통계를 가리킨다. 요컨대 어떤 나라가 외국과의 거래에서 얼마만큼의 수익을 벌어들였는지를 알 수 있는 수치다.

중국으로서는 '너만 벌고 있다'는 비난만은 반드시 피하고 싶었던 것이다. 따라서 글로벌 불균형이 표면상으로 드러나는 경상수지를 둘러싼 논의는 단호하게 거부한다는 것이었다.

그러나 여기서 독자들이 주목해야 하는 점은 무엇보다 위와 같은 임시방편적인 외교 교섭이 아니다. 핵심은 미국과 유럽이 어떤 술책으로 중국으로 하여금 결단을 내리게 하느냐는 점이다.

그것에 대한 키워드가 바로 균형이다. 그래서 수출과 수입의 차액을 조정하자고 미국과 유럽이 주장하고 있는 것이다. 앞에서 언급한 수입과 지출의 논리다.

"어떤 나라는 지나치게 벌고 있는가 하면, 다른 어떤 나라는 고통을 받고 있는 것은 바람직하지 않다. 지나치게 벌고 있는 나라는 이익을 줄여 고통을 받고 있는 나라에게 나눠주도록 노력해야 한다." 그들은 분명 이렇게 말할 것이다. 그야말로 눈물 나는 박애주의 philanthropy가 아닐 수 없다.

그러나 이런 주장에는 커다란 술책이 숨어 있다. 거시경제학에서의 국제수지는 크게 경상수지, 자본수지, 준비자산 증감 이렇게 세

가지 요소로 이뤄져 있다. 그리고 이 세 가지의 요소를 더하면 반드시 제로가 된다.

다시 말해서 경상수지가 늘어난 만큼 자본수지가 줄어들지 않으면 계산이 맞지 않는다는 이야기다. 이 사실을 좀더 알기 쉽게 말하면 다음과 같다. 균형을 이룬 상태에서 무역을 통해 흑자를 기록했다면(경상수지 흑자가 증가), 그 금액만큼 그 나라에서 다른 나라로 빠져나간 돈은 적자가 된다(자본수지가 적자로 전환)는 말이다.

이렇게 보면 중국의 경상수지만을 거론해 문제시하는 것은 이렇다 할 의미가 없다. 왜냐하면 만약 중국이 경상수지 부문에서 흑자를 기록하고 있다고 하자. 그때는 반드시 게임에 끼어드는 참가 요금으로 자본수지 부문에서 오히려 돈을 지불하고 있을 것이다. 다시 말해서 중국이 아무런 반대급부도 지불하지 않는데 수익을 올린다는 논리는 있을 수 없다.

그렇지만 미국과 유럽은 경제학과 학생들도 알 정도의 이러한 사실들을 언급한 적이 없었다. 대신 중국을 염두에 둔 비난만을 되풀이했으며, 이는 단언하건대 계획된 술책임이 분명하다.

덧붙여 말하자면 중국은 이번 일을 거울삼아 절대 안심하고 있어서는 안 된다. 향후 균형을 지향점으로 삼아 논의를 거듭할 때 참고해야 할 지표로 다음의 두 가지 내용에 합의했기 때문이다.

- 공적 채무와 재정 적자, 민간 저축율과 민간 채무
- 환율, 재정, 금융, 기타 정책을 충분히 고려하면서 무역수지, 투자

소득 및 이전 수지로 구성되는 대외 균형

이 같은 것들은 문외한이 볼 때는 모두 그럴 듯한 내용처럼 보인다. 그러나 여러분은 부디 이 책의 1장에서 확인한 내용을 상기하기 바란다. 미국은 이미 대량의 국채를 중국이 매입하도록 하고 있다. 뿐만 아니라 유럽도 최근 들어 거액의 국채를 중국에게 떠넘기고 있다.

향후 미국과 유럽은 분명히 다음과 같이 말할 것이다. 'G20에서 결정된 사항이므로 재정 적자를 삭감해야 한다'고 말이다. 그러나 이는 그렇게 간단하게 생각할 수 있는 문제가 아니다. 특히 유럽 각국이 갑자기 재정 적자 삭감에 대응하는 기미를 보일 경우, 글로벌 투자주체들은 일제히 다음과 같이 외칠 수 있기 때문이다.

"경기가 회복되지 않고 있는데도 A국은 재정 적자를 줄이기 시작했다. 세수가 증가하지 않는 데도 적자 국채(세입 부족을 보충하기 위해 발행하는 국채)조차 발행하지 않으니 이는 정말 자살행위다. A국의 국채는 매도해야 한다!" 하고 말이다.

그리고 만약 글로벌 투자 주체들이 여기서 말하는 A국의 국채를 일제히 공매도short selling(주식이나 채권을 보유하지 않은 상태에서 매도 주문을 내는 것)하기 시작했다고 하자. 그때 발생하는 상황은 그야말로 매도가 매도를 부르는 아비규환의 사태가 될 게 뻔하다.

그리고 중국은 매우 당황하게 될 것이다. 왜냐하면 그와 같이 매도됨에 따라 애지중지하는 국부가 점차 줄어들게 될 테니 말이다.

그런 사태에 제동을 걸 수 있는 방법은 오직 한 가지뿐이다. A국의 국채를 추가 매입하는 것이다. A국의 국채가 휴지 조각처럼 될지언정 그것밖에는 방법이 없다. 무간지옥이란 바로 이런 사태를 두고 하는 말인지도 모르겠다.

## 미국의 시나리오와 동일본 지진

〈그림 15〉를 보기 바란다. 이 그림은 세계 각국의 320여 개 거대 은행들이 모여 설립한 IIF(Institute for International Finance), 즉 국제금융협회가 발표한 자료다. 이 자료를 보면 일목요연하게 나타나는 뚜렷한 현상이 있다. 유럽과 미국 경제가 향후 쇠퇴의 길을 걷게 될 것이라는 전망이다(실질 GDP 성장률이 연속해서 마이너스라는 사실이 수치로 나타나 있다).

경제가 위축된다는 것은 자금 회전이 나아지는 정도의 경기 회복을 기대할 수 없다는 것을 의미한다. 그런데 그렇다고 하면 과연 누가 미국과 유럽이 지금까지 주야장천 빌려 쓴 채무를 상환해야 한다는 말인가? 미국과 유럽의 매서운 눈길이 동쪽으로 그리고 또 동쪽으로 향하는 것은 불을 보듯 뻔한 일이다. 이게 바로 그들의 시나리오다.

**그림 15** 미국, 유럽, 일본의 실질 GDP 성장률(전망치)

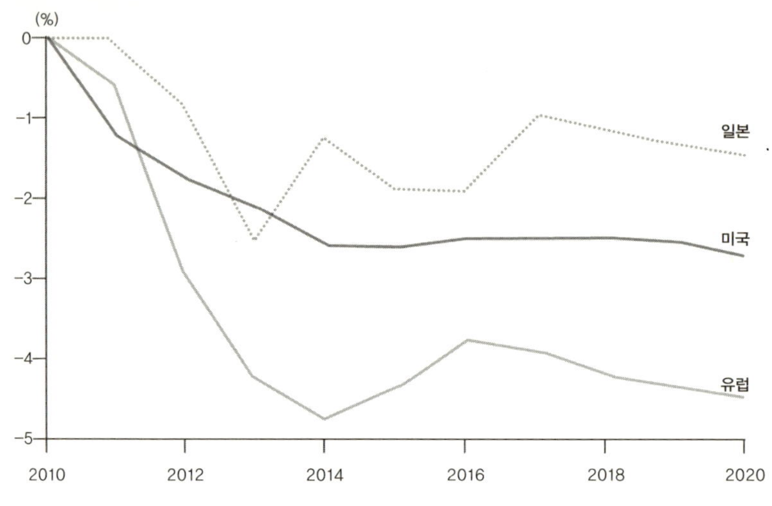


출처 : 국제금융협회(IIF)

1장에서도 언급했듯이 한국, 중국, 일본을 비롯한 동아시아 국가들이 최근 들어 막대한 부를 축적하고 있는 것은 분명하다. 그러나 이때까지 그 부를 보유하고 있던 미국과 유럽의 입장에서 보면 이는 결코 예삿일이 아니다. 그렇기 때문에 그들이 동아시아 국가들에게 무슨 행동을 할지 알 수 없는 일이다.

어떻게든 그 부를 다시 빼앗아 되돌리고 싶지만 뜻대로 되지 않아 조급해질 수밖에 없다. 초조해진 미국과 유럽은 결국 자폭 테러 형태의 행동까지 하게 된다. 그게 바로 금융 시스템 마비로 이어지는 금융 멜트다운이다.

이 책을 집필하고 있을 당시, 독일 언론에서 다음과 같은 기사를 보도했다.

"은행들이 다시 흔들리기 시작하고 있다Schon wieder wanken Banken."[23]

2010년 7월 유럽은 91개 주요 은행에 대한 '스트레스 테스트stress test(자산 건전성 실사)'를 실시한 결과 일단 위기를 극복했다고 발표한 적이 있었다.

그러나 어찌된 일인지 그 후에도 아일랜드, 포르투갈, 스페인과 거액의 재정 적자를 떠안고 있는 나라들이 위기 상황에 빠졌다. "도대체 스트레스 테스트를 왜 하는가?" 하는 신뢰성에 대한 비난이 쏟아지자, 더욱 엄격한 기준의 스트레스 테스트를 2011년 3월부터 실시하겠다고 발표했다.

옛말에 '냄새가 나는 물건은 뚜껑을 덮어두라'는 말이 있다. 자칫 은폐를 부추기는 듯한 느낌이 들지만, 이 말처럼 시간이 지나면 자연히 문제가 사라질 수도 있다. 이는 곧 유럽의 그와 같은 대응에 비유되는 말이다. 옆에서 볼 때 "왜 그렇게까지 스스로를 학대하듯이 자신을 궁지에 몰아넣는가?" 하고 묻고 싶을 정도다. 경기 회복이 아직 완전하게 본격화되지 않은 이상 털어서 먼지 안 나는 사람 없다는 게 유럽 은행들의 현 상황이다. 스트레스 테스트를 굳이 더욱 엄격하게 시행한다고 해서 어떤 결과가 나올지는 불을 보듯 뻔하다.

그럼에도 불구하고 유럽이 철저하게 자신의 결점을 드러내는 이유는 무엇일까? 이제 그 결점은 유럽 자신 이외의 곳에서 찾아내는 수밖에 없다는 말로 해석할 수 있다. 그리고 그 결과 우리는 '매우 당황해하는 척하는 유럽'을 보게 될 것이며, 나아가 '더욱 당황해하는' 중국과 일본의 모습을 보게 될 것이다. 그야말로 국가와 국가, 지역과 지역에 걸친 위대한 게임The Great Game이 될 것이다.

물론 이렇게 설명하면 여러분의 머릿속에 다음과 같은 의문이 생겨날 것이다.

"교묘한 술책인 것만은 분명하다. 그러나 중국과 일본, 한국과 같은 동아시아 국가들이 제아무리 서먹서먹한 사이라고 해도 서로 그런 상황에 몰려 있다는 것을 모를 리 없다. 구체적으로 말해서 '이런 게임은 속임수다, 그만두자!' 라고 스스로 포기할 수는 없는 건가?"

지극히 당연한 의문이다. 그렇지만 이렇게 아우성치는 동아시아 국가들에 대해 미국과 유럽은 확실한 대답을 이미 준비하고 있다. 매우 놀랍기 그지없다.

2011년 3월, 미국 언론들은 일제히 다음과 같이 보도했다.

"지금도 여전히 진행되고 있는 금융 멜트다운은 저절로 발생하는 게 아니다. 이는 분명히 금융 테러다."[24]

이 같은 보도의 근거로 제시된 게 미국 국방성의 의뢰로 2009년 6월에 완성된 〈경제 전쟁 : 리스크와 반응*Economic Warfare : Risks and Responses*〉이라는 보고서다. 이 보고서의 저자는 크로스컨설팅서비스Cross Consulting and Services의 케빈 프리맨Kevin D. Freeman이다. 그런데 무슨 영문인지 인터넷상에서 누구나 무료로 다운로드할 수 있

도록 열어놓았다.[25]

총 111쪽에 달하는 이 보고서의 내용을 간단히 정리해보면 다음과 같다.

- 이번에 발생한 금융 멜트다운으로 말미암아 시장이 크게 흔들렸다. 그러나 이는 투자자들의 탐욕만으로 초래된 일이 아니다. 미국 금융 시스템을 의도적으로 파괴하려는 금융 테러리스트들에 의해 야기되었다.
- 제1단계 금융 멜트다운(2007~2008년) 진행 시, 유가 급등으로 수익을 올린 나라는 산유국들이었다. 이들 나라가 운용하는 국부펀드 SWF(Sovereign Wealth Fund)는 잇달아 규모를 확대했다.
- 2008년부터 시작된 제2단계 금융 멜트다운에서 공격 대상이 되었던 것은 미국의 글로벌 투자 주체들이었다. 시장이 철저하게 매도 일변도로 치닫자 그들은 속속 도산했다.
- 계속된 제3단계 금융 멜트다운에서 일어난 사건이 미국 국채와 달러화에 대한 공격이었다. 미국 국채를 철저하게 매도하는 것은 장기금리 상승을 초래해 그야말로 미국 경제를 초토화시키는 행위였다.
- 여기서 문제시되는 부분이 그처럼 엄청난 공격을 한 자가 도대체 누구며, 어떤 식으로 했느냐 하는 점이다. 가장 먼저 예상되는 장본인은 거룩한 사명을 띠고 성전을 주창하는 이슬람계 국부펀드다. 그 외에도 1340억 달러 상당의 위조된 미국 국채를 지닌 혐의

로 이탈리아에서 체포된 일본인 때문에 구설수에 오른 일본도 그 장본인으로 거론된다(2009년 6월). 만약 이게 시장에 유통되었을 때의 사태를 예상한다면 주의 깊게 감시해야 한다.

이 보고서를 보게 된 사람들은 이에 대해 뭐라고 말할까? 여러분이 다소 감정적으로 치우친 나의 언행을 이해해준다면 솔직히 나는 이렇게 말하고 싶다. "적반하장도 유분수지!"

이 보고서가 국방부의 의뢰에 따라 작성된 당시, 미국은 표면상으로 분명히 달러화 약세 때문에 고심하고 있었다. 미국 정부에 허용된 채무상한선federal deficit ceiling이 머지않아 한도에 이를지도 모른다. 그렇게 되면 더 이상 자금을 융통할 수 없으므로 디폴트 상태에 빠지게 된다고 가이트너 재무부 장관이 심각한 표정으로 발언했던 때가 마침 그 무렵이었다.

일본 금융 시장에서도 요즈음 자주 미국 디폴트 설을 진지하게 제기하는 사람들이 많다. 객관적으로 보면 이미 감당할 수 없을 만큼 부채 투성이가 되어 있는 나라가 미국이다. 사실 나 자신도 그 무렵 2009년 여름 《계획 파산 국가 미국의 올가미 그리고 세계의 구세주가 되는 일본》이라는 책을 통해 "미국이 조만간 디폴트를 선언할 가능성이 있을지도 모른다."고 분석했었다.

그러나 아무리 기다려도 미국 국채는 단번에 매도되지 않은 채 시간이 흘렀다. 그럼에도 불구하고 "미국이 디폴트 상태에 빠지고, 달러화가 휴지 조각이 된다."라고 거듭 주장하는 전문가들이 많았다.

하지만 나는 점차 고개를 갸웃거렸다.

그리고 2009년 8월 10일 미연방준비제도이사회FRB(Federal Reserve Board) 산하 공개시장위원회는 그해 6월에 종료하기로 한 양적 완화quantitative easing, 즉 2차 양적 완화를 실시한다고 발표했다. 나는 휴가차 머물고 있었던 홋카이도에서 그 보도를 듣게 되었는데, 그 즉시 이렇게 판단했다. "미국이 커다란 올가미를 치고 있다. 디폴트 상태에 빠진다고 스스로 외치는 것 자체가 올가미임에 분명하다."

논리적으로 생각할 때 지나치게 우스꽝스럽기 때문이다. 적자국채를 발행하면 발행하는 만큼, 그것은 휴지 조각이 되고 만다. 그렇게 되면 아무도 매입하지 않기 때문에 디폴트가 될 수밖에 없다. 그럼에도 불구하고 미국은 계속해서 적자국채를 발행하고, 게다가 FRB가 이 적자국채를 다시 인수한다는 것이다. 자작극이란 바로 이런 경우를 두고 하는 말이 아니겠는가?

사실 그 후 지금에 이르기까지 달러화는 휴지 조각이 되지 않고 그대로 있다. 당시의 상황이 그와 같은 변화의 조짐을 나타내고 있었음에도 불구하고 "미국은 파산한다. 달러화를 매도하고 도피해야 한다."라고 주장하던 일본의 경제 전문가들은 또다시 신뢰를 잃었다.

그런데 실의에 빠진 그들을 더욱 밑바닥으로 떨어뜨리는 사건이 발생했다. 2009년 11월 25일 발생한 '두바이 쇼크(두바이 정부가 국영기업인 두바이월드의 채무 지급 유예를 선언한 사건)'가 그것이다. 어찌된 영문인지 이 두바이 쇼크로 말미암아 직격탄을 맞은 유럽에 대한 유로화 매도가 일제히 시작된 결과, '유로화 폭락과 달러화 급등'이라는 흐름으로 돌변했다.

지금에 와서는 그와 같은 흐름이 단지 시장에서 발생한 사건 때문에 나타났다고 간주해버리는 경향이 있다. 부끄럽지만 나 역시도 그렇게 생각했다. 그러나 앞에서 언급한 미국 국방성의 의뢰로 작성된 〈경제 전쟁 : 리스크와 반응〉이라는 보고서가 발표된다면 상황은 완전히 달라진다. 왜냐하면 미국에 관한 다음과 같은 사실이 드러나기 때문이다.

- 2009년 당시, 미 달러화와 국채가 철저하게 매도되는 상황 아래서 미국은 유사시에 대비해 이론적인 무장을 하기 시작했다.
- 간단히 말하자면 그것은 국민들이 "어째서 이렇게 되었는가?"라고 추궁할 경우 답변할 구실을 마련하는 것이었다. 그래서 도출한 결론이 '금융 멜트다운이란 금융 테러와 동일하다'라는 것이었다.
- 게다가 그와 같은 이론 무장을 준비한 곳이 미 국방성이었다는 사실을 통해서도 알 수 있듯이, 국민들의 반응 여하에 따라서는 대테러전쟁을 시작하는 것까지 고려했을 가능성이 있다.
- 뿐만 아니라 당시 전쟁 상대가 될 수 있었던 나라가 이슬람 원리주의자들과 더불어 중국과 일본이었다.

여러분 중에는 "아니 무슨 이런 어처구니없는 말이 있는가? 일본은 미국과 동맹관계를 맺고 있다. 전쟁 따위는 있을 수도 없다." 하고 말하는 사람이 있을지도 모른다. 그러나 누군가 희생해야 하는 상황이 닥쳤을 때 과연 그 동맹이 제대로 유지될 수 있을까? 자못 의심스럽다. 인류의 역사 속에서 수없이 반복된 일이 동맹과 동맹 파기였다.

실제로 이 보고서는 2009년 6월에 발생한, 너무나도 이해하기 힘든 '일본인의 위조 국채 밀반입 사건'과 관련해 충격적인 내용을 기록하고 있다. 이 사건은 스위스 국경 가까이에 있는 치아소Chiasso 국경 검문소에서 엄청난 거액인 데다가 심지어 매우 낡은 미국 국채를 소지하고 있던 일본인 두 명이 이탈리아 금융 경찰에 의해 구속된 것으로부터 시작되었다. 미 재무성은 즉시 문제의 국채에 대해 위조라고 발표했다.[26] 그리고 일본인 남성 두 명은 이내 종적을 감췄다.

이렇게 일단락된 그 사건에 대해 이 보고서는 이렇게 기술하고 있다.

> 그와 같은 거액의 위조 국채(액면가 5억 달러짜리 무기명 채권 249장과 액면가 10억 달러짜리 10장)가 무사히 압수된 것은, 1941년 12월 진주만 공격이 단행되기 이전에 일본군의 무선통신을 수신한 것과도 필적하는 중대한 사건이었다.

그렇다. 미국 입장에서 봤을 때 만약 일본이 금융 테러리스트였더라면 결코 용서하지 않았을 것이다.

그런데 현실은 어땠는가? 당시의 소동이 거짓말이었던 것처럼 상황이 급변하기 시작했다. 금융 멜트다운의 주된 무대는 그리스 쇼크, 즉 그리스 재정위기(2010년 5월)를 시작으로 유럽 쪽으로 이동했다.

그런데 최근 들어 이 보고서가 갑자기 유출되었다는 소문이 나돌았다. 그러더니 미국 언론들이 모두 이 보고서의 내용을 인용하면서 '중국이 금융 테러리스트로 간주되고 있었다'고 떠들썩하게 보도까지 하고 있다. 이게 대체 무슨 영문이란 말인가?

여기까지 진전된 상황을 종합해보면 미국의 전략은 이미 명확하게 드러난다. 만약 향후 조금이라도 미국 국채와 달러화가 어떤 이유 때문에 시장에서 매각되는 경우가 있다고 하자. 그러면 미국은 격분한 나머지 다음과 같은 주장을 할 것이다. "누군가가 금융 테러를 일으키고 있는 게 아닌가? 미국 금융 시스템을 초토화시키려는 자가 있다. 그것은 어쩌면……"이라고 말이다.

물론 미국의 시선은 중국과 일본을 비롯한 동아시아 국가로 향할 수 있다. 중국이나 일본 입장에서 보면 자신들의 외환 투자처인 미국 국채와 달러화가 휴지 조각으로 변해버리면 크게 곤란을 겪을 수밖에 없다. 그러나 그 이상으로 심각한 사실은 그와 같은 리스크가 있다고 해서 언제 끝날지도 모를 미국이 획책하는 이 게임에서 도피하자마자 금융 테러리스트로 지목될 위험성이 존재한다는 점이다.

이렇게 된 이상 남은 선택은 이제 하나뿐이다. 장기 불황에 빠진 유럽 각국이 발행하는 국채를 계속해서 매입해야 하는 것과 마찬가지로, 미국 국채도 그냥 계속해서 매입해야 하는 것이다. 당연히 대량의 부가 동아시아에서 슬며시, 그러면서도 서서히 유출될 수밖에 없다.

그런데 여기서 생각지도 못한 변수인 엄청난 사건이 발생하고 말았다. 동일본 대지진이라는 '새로운 현실'이 그것이다. 일본은 총 282조 원(20조 엔)에 이르는 천문학적인 숫자의 복구 비용을 투입해야 한다. 이 때문에 원래대로라면 미국과 유럽이 각각의 이유로 자국의 국채를 매입하게 하고, 그렇게 함으로써 부를 흡수할 요량이었지만 동일본 대지진으로 말미암아 입장이 뒤바뀌게 된 것이다.

왜냐하면 일본이 피해 복구를 대의명분으로 내세워 앞으로 전 세계에 있는 자국의 자금을 회수할 것이 분명하기 때문이다. 게다가 언제 끝날지도 모를 후쿠시마 제1원전의 방사능 유출 문제라는 과제까지 맞물려 있다. 지금 미국과 유럽은 최초의 시나리오를 수정해야 할 상황에 몰려 있다.

## 부의 동진과 회귀의 전개 과정

지나치게 거시적인 이야기들이 지속되는 바람에 여러분들이 다소 당황스러울 수도 있었을 것이다. 그러나 개별적인 사실 하나하나에만 주목하지 말고, 그것들이 엮어내는 퍼즐을 맞춰가기 시작하면 분명히 선명하게 드러나는 그림이 있다. 그 그림이 바로 지금 언급하고 있는 시나리오다.

여기서 앞으로 무슨 일이 일어날지에 대해 내가 몸담고 있는 연구소(IISIA)에서 연구하고 예상하는 전체적인 구도를 제시하고자 한다.

### 세계적인 구도

- 원인은 미국이 제공했지만, 정작 유럽에서 가장 먼저 발생한 금융 멜트다운 때문에 각국은 거액의 재정 적자를 떠안게 될 것이다. 그

리고 마침내 재정 적자를 해결하지 못해서 디폴트 리스크가 급격하게 증가할 것이다.

- 반면 거액의 부를 축적해 호황을 누리게 되는 나라는 일본과 중국, 한국(마지막으로 남은 신흥시장으로서 북한을 포함)을 비롯한 동아시아 국가들이 될 것이다.
- 거액의 재정 적자 때문에 고심하는 각국은 서서히 재정 적자의 부담을 국민들에게 떠넘겨야 하므로 그 결과 국민국가와 민주주의에 위기가 닥쳐올 것이다.
- 따라서 국가보다도 큰 틀에서의 통합(지역 통합)인지, 아니면 국가보다 작은 틀에서의 정리(지역 분할)인지, 많은 나라들이 대략 2020년까지 어느 한 방향으로 서서히 움직이게 될 것이다.

## 지역 간 구도

- 지금 발생하고 있는 현상 그리고 앞으로 발생할 현상의 근저에는 '150년 만에 시작되고 있는 동아시아로 향하는 부의 회귀'가 있다. 미국과 유럽은 그 부를 다시 빼앗자고 할 터이므로 이른바 동양 대 서양이라는 문명 간의 충돌이 일어나게 될 것이다.
- 한편 서양을 대표하는 미국과 유럽 사이에도 갈등이 발생할 것이다. 오히려 끊임없는 항쟁으로 확대될 것이다. 금융 시장의 패권을 놓고 미국과 유럽은 격렬하게 다투게 될 것이다.
- 사태를 더욱 악화시키는 것은 유대계 내에서 확산되고 있는 전쟁이다. 유대계 내 양대 세력인 세파라딤Sefaradim과 아슈케나짐

**그림 16** 2020년까지의 전개 가능성

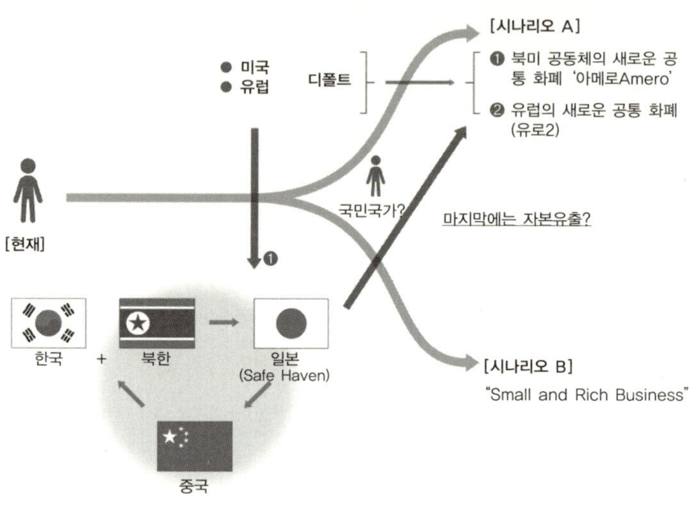


출처 : 국제전략정보연구소(IISIA)

**그림 17** 동양과 서양의 충돌

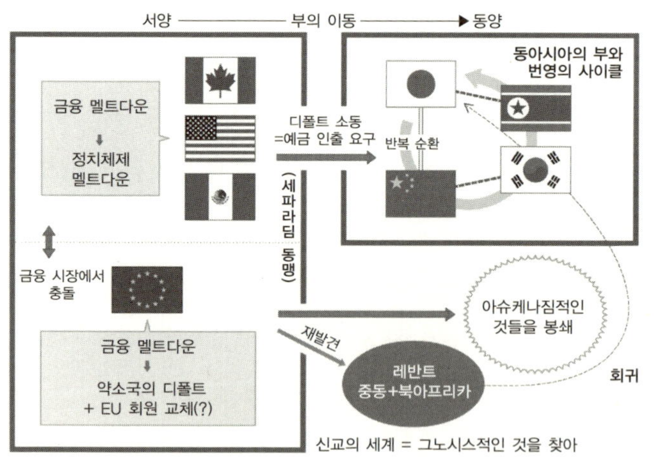


출처 : 국제전략정보연구소(IISIA)

Ashkenazim은 중동 지역에서뿐만 아니라 전 세계에서 세력 다툼을 벌이게 될 것이다.

거듭 말하지만, 하나하나 개별적인 사실에만 집중하면 아무 것도 파악하지 못한다. 우리가 집중해야 하는 것은 이것들을 조합하고 연결시킴으로써 나타나는 큰 그림이다.

그런데 공식석상에서 동아시아에 대해 언급하는 사람은 거의 없다. 게다가 이와 같은 큰 그림을 전제로 한다면, 당연히 가장 유리한 지위에 있어야 할 동아시아 국가들은 서로 협력관계를 구축해 대응하면 된다. 그러나 이상하게도 전혀 그렇게 되질 않고 있다. 동아시아 내에서는 서로를 돕기보다는 오히려 서로 미워하고 헐뜯는 풍토가 뿌리깊게 박혀 있다.

그 단적인 사례로, 간 나오토 정권이 출범한 후 총리관저의 요직에 취임한 어떤 사람에게서 들은 다음과 같은 말을 옮겨보도록 하겠다.

일본은 이대로 가면 미래가 없기 때문에 어떻게든 돌파구를 찾으려면 환태평양경제동반자협정TPP밖에 없다고 주장하는 사람들에게 무조건 감정적으로 대하는 사람들이 있다. 특히 지방에서 거주하는 농업 관계자들 가운데 그런 식으로 강하게 말하는 사람들이 많다. 그러면 반대하는 이유를 객관적인 증거를 들어 제시해달라고 해도 그들은 그렇게 하지 못한다. 실은 미국 기준을 따르는 편이 유리한 때가 있었기 때문에 당연히 반론하지 못할 수도 있다.

경제외교 현장을 조금이라도 알고 있는 사람이라면, 일본은 미국과 협력하는 편이 분명히 낫다고 말할 수 있다. 유럽은 노련하지만 교활한 탓에 상대하기가 쉽지 않다. 게다가 미국은 유럽에 아무리 논의를 제기해도, 유럽은 이를 단순하고 때로는 유치하다고까지 받아들인다. 때문에 미국이야말로 일본과 협력체제를 구축하면 절대 안전하다. 그런데 이런 사실을 이해하지 못하고 있는 사람들이 일본 내에 지나치게 많다.

특히 동아시아 국가들과 협력해야 한다고 말하고 있는 사람들이 가장 골칫거리다. 그런 사람들에게 제발 묻고 싶은 말이 있다. 오랜 동안 대일 무역 적자에 고심하고 있는 한국은 일본의 모든 게 관세 이외의 방법으로 수입을 억제하는 비관세 장벽이라고 교섭 현장에서 비난하곤 한다. 이에 대해 어떻게 생각하는가?

어쨌든 지금의 일본이 취할 수 있는 선택은 미국과 협력하는 길밖에 없다. 의심할 여지도 없이 명확한 이 사실이 어째서 국민적 지지를 얻지 못하는지 정말 이해하기 어렵다.

나이로 따지자면 대선배에 해당하는 사람이 하는 말이니 당시 그 자리에서는 아무 말도 하지 않았지만 나는 속으로 이렇게 외쳤다. "당신은 큰 그림은 전혀 보지 못한 채 작은 퍼즐 조각 하나에 매여 있다!"

예를 들어 '유럽에 비하면 미국이 훨씬 낫다'고 지적하는 이 사람의 말은 전혀 근거가 없다. 이 책에서 지금까지 분석하고 예측한 측면에서 본다면 더더욱 그렇다. 150년 만에 세계의 부가 동아시아로 회귀하고 있는 만큼, 미국과 유럽의 구분은 의미가 없다. 미국과 유럽이 생각하는 것은 단지 하나, '그와 같은 흐름을 어떻게든 반드시 막아야 한다'는 것뿐이다.

그리고 '한국이야말로 대일 무역 적자를 이유로 일본에 대해 개방을 요구하는 괘씸한 존재'라고 하는 지적에 대해 한 마디 하고자 한다.

분명히 1장에서도 언급했듯이 중소기업을 충분히 육성하지 못한 잘못을 시정하지 않고서는 이전의 미국처럼 대일 비난을 되풀이하는 한국 측의 태도는 분명 개선되어야 한다. 그렇다고 해서 일본이 한국과 함께 진지하게 논의하지도 않고, 그래서 이웃나라들과는 협력할 수 없다고 판단해버리는 것 또한 분명한 잘못이다. 왜냐하면 미국은 일본에 TPP 가입을 촉구하고 있고, 한국과는 FTA 체결을 추진하듯이 분명히 한국과 일본에 대해 별개의 정책을 전개하고 있기 때문이다.

그도 그럴 수밖에 없다. 미국 정치권에서 정석으로 통용되는 아웃리치outreach라는 전략이 있다. 아웃리치란 미국 내 선거에서 유권자인 이민족 집단에 대해 때로는 다른 언어와 다른 내용으로 메시지를 전달해서 지지를 획득하는 기법이다.

미국 대통령들은 이 아웃리치 전략을 통해 선출되고 있다. 그때의 선거 요원들이 그대로 정책 스태프가 되는 이상, 아웃리치 전략과 완전하게 동일한 발상 아래서 미국 외교가 움직인다고 해도 지나친 말이 아니다.

미국의 교묘한 아웃리치 전략에 농락당해 결과적으로 미국을 신뢰했던 동아시아 국가들만 불쌍하게 되는 셈이다. 게다가 그들은 급기야 스스로 리틀 아메리카로 변화되어 이웃나라에 칼을 들이대는 차마 눈뜨고 볼 수 없는 상황이 전개될 것이다.

1장에서도 언급했듯이 애당초 한국과 중국, 일본이 안고 있는 문제는 동일하기 때문에 서로 함께 그 원인과 대책을 강구해야 한다. 저출산과 고령화 문제라든지, 청년 실업 같은 문제들이 그렇다. 그런데도 추구해야 할 이런 방향과는 달리 우스꽝스러우리만치 바다 맞은편에서 건너온 금융 자본주의에 휘둘려 서로 헐뜯고 있으니 이야말로 코미디가 아닌가?

그런 점에서 대만은 매우 교묘하다. 그들은 대일 무역 적자를 대미 무역 흑자로 보전하고 있다. 그 결과 미국, 일본, 대만의 삼각구도가 형성되어 반도체 산업의 허브로서 세계 정상급의 위상을 구축하고 있다.

물론 한국과 일본의 관계만 우스꽝스러운 것은 아니다. 중국과의 관계 역시 이와 다를 바 없다. 예전에 외교관으로 활동할 당시 유명한 차이나 스쿨 출신의 한 선배가 외무성에 들어간 지 얼마 안 된 나와 나의 동료들에게 이런 이야기를 해준 적이 있다.

"세상에는 아직도 '미국과 일본의 동맹을 파기해야 한다. 일본은 중국과 협력해야 한다'고 주장하는 사람들이 있다. 그리고 그와 같은 논의가 제기될 때마다 빠짐없이 언급되는 게 유럽 통합이다. 그러나 생각해 보면 한쪽은 섬나라로서 민주주의 국가인 일본이고, 다른 한쪽은 대륙에 있는 대국으로서 공산주의 국가인 중국이다. 독일과 프랑스 사이에 있는 것 같은 공통성이 일본과 중국 사이에도 있을까? 애당초 일본과 중국 사이에 동맹의 전제가 되는 공통성 따위란 전혀 없다. 이 사실을 이제부터 기억해두기 바란다."

침을 튀기며 열변을 토한 탓에 지금도 당시의 기억이 뚜렷하게 남아 있다. 당시는 1990년대 전반으로 공산주의 중국이 엄연히 존재하고 있었다.

하지만 지금이야 시대가 바뀌지 않았는가. 정확하게 말하자면 원래 예상했던 대로 전개되었다고 해야 옳을 것이다.

1971년 7월, 헨리 키신저Henry Kissinger가 미국 대통령 국가안보보좌관 신분으로 극비리에 중국을 방문한 사실이 알려졌을 때, 사람들은 이를 두고 수렁에 빠진 베트남전쟁의 종식을 모색하는 미국의 포석이라고 이해했다. 사안은 모두 이데올로기 대립에 의해 움직이고 있었으며 정치, 외교, 군사, 안전보장 등이 표면상으로 나타났을 뿐이었다.

그러나 지금에 와서 돌이켜 보면 상황이 완전히 다르게 해석된다. 실은 당시 미국은 그때까지 숨겨뒀던 금단의 신흥시장인 중국을 세계에 공개한 것이었다. 1966년부터 1976년까지 벌어졌던 문화대혁명의 충격으로 말미암아 완전히 피폐해 있던 중국은 제2차 세계대전 패전 직후의 일본처럼 가난하고 어려운 상황에 놓여 있었다. 보통은 이런 경우 그런 중국의 모습을 보면서 부와 관련지어 생각하기란 쉽지 않다.

그러나 금융 자본주의 속에서 생활하는 글로벌 투자 주체의 입장에서 보면 세계는 완전히 달라 보였다. 그들은 '황폐한 중국이야말로 정말 신천지'라고 생각했다. 왜냐하면 글로벌 투자 주체들이 주시하고 있는 것은 자금의 유입과 유출이지, 그 이상도 그 이하도 아니기 때문이다. 다시 말해서 자금이 전혀 흘러들어오지 않은 곳에는 이제부터 자금이 흘러들어갈 여지가 있다는 뜻이다. 반대로 자금이 흘러넘치고 있는 곳은 이제부터 자금이 흘러들어갈 여지가 없으므로 자금을 회수한다는 의미다. 이와 같은 투자 행위를 되풀이하는 자들이 바로 글로벌 투자 주체들이다.

1945년 두 차례 원자폭탄이 투하된 일본은 그로부터 45년이 지난 후 '헤이세이 거품 경제'를 맞이했다. 그와 마찬가지로 1971년에 베일을 벗은 중국은 그로부터 35년가량이 지난 시점부터 급성장하기 시작해 지금 팽창할 대로 팽창해 있다. 헤이세이 거품 경제와 거의 흡사한 구도라고 할 수 있다.

물론 중국 자신이 이 같은 위험을 인지하지 못하고 있을 리는 없다. 부시 행정부 시절의 '미중전략대화'에 이어 오바마 행정부 출범 이후에는 '미중전략경제대화Strategic and Economic Dialogue'가 시작되었다. 그러나 지금까지 중국은 아주 교묘하게 미국의 이같은 요구를 뿌리쳤다.

## 자금의 유출과 유입으로 본 신경제 질서의 흐름

그러나 이런 상황에 대해 실제 막후 인물이 누구인지를 생각하면 아무래도 마음에 걸리는 부분이 하나 있다. 그것은 1842년에 아편전쟁을 일으켜 중국으로 하여금 문호를 개방하도록 밀어붙였던 영국의 대응이 지나치게 신사적이었던 데 있다.

예를 들어 지금 내 책상 위에는 컬러로 인쇄된 자료 하나가 놓여 있다. 2008년 10월 런던시티City of London가 발행한 〈아시아 금융센터의 미래-런던 시티의 도전과 기회*The Future of Asian Financial Centres-Challenges and Opportunities for the City of London*〉라는 제목의 자료다.

왜 갑작스럽게 이런 자료를 언급하느냐 하면, 영국 내에서도 금융 부문을 주도하는 런던시티가 쑥스러울 만큼 중국, 특히 상하이를 치켜세우고 있기 때문이다. 그 내용을 한번 살펴보도록 하자.

- 싱가포르가 국제금융센터로서 장기적으로 위협받는 이유는 금융 서비스 부문의 발전을 견인하는 고유의 배후지를 지니고 있지 않기 때문이다. 따라서 금융센터로서 발전하는 데는 한계가 있다.
- 도쿄가 국제금융센터로서 발전할 가능성은 낮다. 이는 무엇보다도 일본 사회 전체가 지니는 폐쇄성에 원인이 있다.
- 홍콩은 분명히 국제금융센터로서 발전할 가능성이 있다. 그러나 과연 장기적으로 그와 같은 지위를 유지할 수 있을지의 여부는 중국과의 관계에 달려 있다.
- 상하이는 지리적으로 봐도 국제 금융의 중심이 되는 위치에 있으며, 또한 제조업에 최적의 입지인 배후지가 경제 발전의 견인차 역할을 수행하고 있다는 점을 고려하면 금융과 기업 활동에 있어서 중요한 국제금융센터가 된다.

나중에 다시 설명하겠지만, 실제로 지금부터 일본 시장에 거액의 자금이 유입될 거라는 사실을 고려할 때 이 또한 위화감을 조장하는 주장이 아닐 수 없다. 그렇지만 그래도 굳이 자세히 살펴보자면, "상하이! 상하이! 상하이!"라고 되풀이해서 외치는 런던시티의 상하이 띄우기가 두드러지게 강조되고 있다.

2008년 가을 글로벌 금융위기가 막 발생했던 당시에 회자되었던 이런 예찬은 중국으로서는 그저 고마울 따름이었다. 런던시티가 글로벌 금융위기라는 가장 큰 위기 상황 아래에서 싱가포르도, 도쿄도 아닌 상하이가 미래의 국제금융센터로서 발전하게 된다는 식으로 치켜세웠기 때문이다.

그러나 곰곰이 생각해보면 이 또한 동양 대 서양이라는 대결 구도의 한 장면에 지나지 않는다. 미국은 중국이 실업을 수출하고 있다고 줄기차게 공격했고, 이에 중국은 서서히 내수 주도의 경제체제로 이행하기 시작했다. 그런데 그 결과 거품 경제가 내륙 지방을 향해 확산되어 인플레가 인플레를 초래하는 상황이 지속되었다.

그 때문에 2011년 3월 5일에 개막한 중국 전국인민대표자대회 석상에서 원자바오 총리는 인플레 퇴치를 최우선 정책 과제로 내걸었다.[27] 물론 그 배경에는 인플레 심화가 사회 불안으로 직결된다는 우려가 있었다.

원래 거품 경제가 발생한 원인은 서양, 즉 미국과 유럽계의 자금이 대량으로 중국 시장에 유입되었던 것에 있었다. 그때 주도적인 역할을 한 주체가 런던시티, 즉 영국이었다.

그런 의미에서 본다면 한 가지 의문이 제기된다. 글로벌 금융위기가 발생한 지 얼마 되지 않아 형성된 상하이 시장을 예찬하고 비호하는 것처럼 보이는 영국이야말로 사실은 중국을 노리고 있었던 게 아닌가 하는 의문이다. 핫머니(투기성 자금)가 넘치도록 끊임없이 투입해 자금의 유출과 유입을 자유자재로 조절하려는 시도, 거품 경제를 붕괴시키고자 하는 획책이야말로 영국이 집요하게 추진한 전략이었다.

하지만 중국은 핫머니가 그 이상으로 자국내에 유입되는 것을 바라지 않았다. 더 정확하게 말하자면 중국 내에서의 투자를 규제하기 시작한 것이다.

그런데 2011년 3월, 그 유명한 영국계 글로벌 투자 주체인 홍콩상하이은행HSBC이 19년 만에 다시 본사를 해외로 이전할 계획이라고 발표했다.[28] 그렇다면 유력한 후보지가 어디인가에 대한 예상은 어려운 일이 아니다. 이름에 명시되어 있는 그대로 홍콩이다. 그리고 이어서 그 다음으로 과연 어느 시점에 상하이로의 이전을 발표할지 귀추가 주목된다.

그러나 거듭 언급하지만 글로벌 투자 주체들이 주시하고 있는 것은 어디까지나 자금의 유출과 유입이다. 다시 말해서 자금이 부족한 곳에는 자금을 투입하고, 이미 자금이 과잉 상태에 이른 곳에서는 매도를 함으로써 자금이 유출되도록 하는 것이다. 그 이상도 그 이하도 아니다.

이제는 이미 포화 상태에 이른 중국 시장에 기꺼이 자금을 투입할 만한 글로벌 투자 주체는 없다. 오히려 지금까지 지속된 중국 거품경제의 이익으로 획득한 대량의 자금을 대기시킨 다음, 자금 유입이 원활하지 못한 곳에 투입하려는 시나리오를 구상하고 있다. 그러면 그때 투자 대상이 되는 곳은 어디인가?

내가 몸담고 있는 연구소에서는 그 투자의 전환점이 2011년 또는 2012년 무렵일 것으로 추정한다. 그리고 이제부터 다음과 같은 전개 양상을 보일 것으로 예상하고 있다.

### 2011년을 출발점으로 하는 전개 구도

• 미국이 사상 초유의 규모로 양적 완화를 지속하고 있는 가운데, 갈

곳을 잃은 자금은 당연히 유입된 적이 없는 시장으로 이동할 것이다. 가장 유력한 곳은 서브프라임 사태 후의 중고 주택 경매 처리로 인한 디플레이션 발생 우려가 있는 미국도, 그리스 재정위기 후의 신용 불안에서 벗어나지 못하고 있는 유럽도 아니다.

- 특히 미국은 디플레이션 발생을 우려한 나머지 인플레이션 기대심리를 높이기 위해 다양한 수단을 동원할 것이다. 그러나 오히려 상품commodity 가격이 급등하고 있기 때문에, 거액의 재정 적자와 함께 인플레이션에 직면한 유럽과 마찬가지로 인플레이션을 억제하기 위해 기준 금리를 인상할 수밖에 없는 상황에 이르게 될 것이다.
- 하지만 기준 금리를 인상하려면 여론적인 측면에서 납득할 수 있는 논리가 필요하다. 그래서 농산물 가격 급등을 집중적으로 부각시킬 것이다. 그러나 이번에는 신흥국에서의 인플레이션까지 부채질해 지금까지 양호하다고 여겼던 신흥국 시장으로서의 매력이 사라질 것이다.
- 미국과 유럽이 기준 금리 인상을 단행하는 가운데, 디플레이션 경제에 고심하는 일본만 기준 금리 인상에 추종할 수 없어 환율이 크게 요동을 칠 것이다. 주요국 통화와의 관계에서 상황이 급변해 엔화 하락이 가속화될 것이다. 그러나 엔화 하락은 단기적으로 일본 기업들에게 즉시 플러스로 작용하지는 않을 것이다. 왜냐하면 동일본 대지진으로 말미암아 일본 기업들의 생산 라인이 부분적으로 파손되었기 때문이다.

- 게다가 세계적인 금리 상승 기조가 도래함으로써 금리가 적용되지 않는 대표적인 금융상품인 금에서 자금이 이탈하게 될 것이다. 동시에 중동의 민주화운동이 잠시 소강 상태를 보여 원유 가격도 폭락하기 시작할 것이다. 또는 중동 사태로 인한 유가 급등을 배경으로 미국이 지금까지 숙적으로 대해왔던 이란에 급격하게 접근하기 시작할 것이다. 세계 3위의 확인 매장량을 자랑하는 석유 대국 이란의 등장에 대한 기대감으로 유가가 급락할 것이다.
- 반면 일본은 동일본 대지진이 발생하기 전부터 노동력 부족이라는 '2013년 문제' 때문에 대혼란을 겪게 될 것이다. 다시 말해서 1948년에서 1950년 사이에 태어난 베이비붐 세대가 드디어 65세를 맞이하고 일본 정부는 연금 수급 개시 연령을 상향 조정하게 되므로, 글로벌 투자 주체들이 일제히 국가 재정에 대한 불안감을 제기하기 때문이다. 그래서 여차하면 일본 국채를 매각할 가능성이 있는 그들 글로벌 투자 주체들에 대항하기 위해 일본 정부는 국유 자산 매각에 나설 것이다.
- 특히 공항이나 증권거래소와 같은 반관반민이라고도 할 수 있는 기업의 민영화와 주식 상장을 추진할 즈음에는 적절한 주가가 형성되어 있지 않으면 여론이 납득하지 않는다. 그 때문에 일본은 공적 자금을 최대한으로 활용해 시세를 형성할 것이다. 문자 그대로 정부가 주도하는 시세다.
- 게다가 중국 내에서 인플레이션 대책으로서 시행하는 다양한 규제에 반발하는 중국 부유층들이 자금을 해외로 이전할 것이다. 그들

은 특히 '별장지'로서 낯익은 일본 홋카이도와 북동북 지방의 부동산에 주목할 것이다.

이런 패턴이 전개되고 있는 순간 동일본 대지진이 발생했다.

지금까지 언급했듯이 다음의 네 가지 이유 때문에 일본 경제는 예상치 못한 거품 경제에 돌입할 가능성을 내포하고 있다.

- 환율이 엔화 하락으로 치우칠 가능성이 있다는 것
- 상품, 특히 금과 유가가 하락할 가능성이 있다는 것
- '2013년 문제'에 대비해 시세를 조정할 가능성이 있다는 것
- 차이나머니가 물밀듯이 유입될 가능성이 있다는 것

무엇보다 동일본 대지진으로 인한 거액의 복구비용으로 말미암아 거품 경제가 수습되기는커녕, 오히려 가속화될 가능성이 크다. 복구를 하기 위해 일본 정부가 천문학적인 자금을 시장에 투입할 수 있기 때문이다. 그리고 전 세계의 글로벌 투자 주체들이 역사상 보기 드문 복구 프로젝트에 편승해 이익을 얻고자 쇄도하게 되므로 엄청난 거품 경제가 도래할 수 있다.

단 일본 기업들은 주변 환경이 여전히 불안정한 것을 이유로 그와 같은 거품 경제를 통해 획득한 이익을 종업원들의 임금에 즉시 반영하지는 않을 것이다. 그 때문에 실물경제 회복이 수반되지 않는 거품 경제라는 현상이 강하게 작용해서 가진 자와 가지지 못한 자 사

이의 소득 격차가 점차 벌어지기 시작할 것이다. 그런 가운데 가지지 못한 자들의 불만이 한계에 도달해 일본 내에서도 사회 불안이 심화되고, 중앙집권적인 민주정치에 대한 신뢰도가 하락할 것이다.

다소 극단적으로 표현을 해야 할 것 같다. 2만 명을 웃도는 사망자와 엄청난 수의 피해자라는 소중한 희생을 치른 대가로 일본인들은 복구 호황이라는 부활을 위한 결정적인 계기를 마련했다고 할 수 있다. 깊은 슬픔에 잠겨 있는 곳의 건너편에 드넓은 미래가 아른거리고 있다. 살아남은 일본인들은 이 사실을 결코 잊어서는 안 된다.

그렇지만 살아남은 일본인들이 찬란하게 빛나는 미래에 이르는 보증수표를 손에 쥐고 있는가 하면 반드시 그렇지만도 않다. 불확실성의 시대가 지속되는 가운데, 발상을 전환하지 않으면 분명히 소득 격차가 벌어지기 때문이다. 그렇게 되면 가지지 못한 자들의 응어리가 폭발할 수도 있다는 사실을 명심해야 한다.

하지만 위와 같이 희망적으로 말하면 일본인 독자들은 들뜬 나머지 다음과 같은 생각을 하면서 가슴을 쓸어내릴지도 모른다. "분명히 소득 격차가 심화될지도 모른다. 그러나 동아시아 다른 나라들에 비하면 훨씬 나은 상태일 거라는 건 분명하다. 역시 끝까지 살아남는 나라는 일본이다."

# 탈 미국 시대를 위한 음양 사상

지금까지 설명한 미래 전개 구도는 결코 공상과학 소설이 아니다. 누구의 부탁을 받아서 하는 말도 아니다. 이는 일본 국회에서 검토하기 시작한 국책 사업의 내용이다.

최근 들어 일본 재무성은 웬일인지 몹시 애지중지하는 국유 자산을 합리화하는 작업에 착수하고 있다. 정부 보유분 NTT 주식 매각이 그 전형적인 사례다.[29] 주식 상장 가능성도 제기되고 있는데, 예를 들면 간사이국제공항과 오사카국제공항을 통합해 정부가 100퍼센트 출자하는 신설 회사를 설립하는 논의가 진전되고 있다. 또한 도쿄증권거래소와 도쿄메트로 등의 상장 가능성도 시장에서 자주 언급되고 있다.

'잃어버린 20년'이라고 해서 달갑지 않은 소리를 듣고 있는 일본의 입장에서 보면 그야말로 드디어 좋은 기운이 도래했다고 할 수도 있다. 그렇더라도 냉정함을 잃지 않기를 바란다. 정말 이대로 좋은지 말이다.

왜냐하면 미국과 유럽이 정말로 '잃어버린 20년'이 되는 것을 예상하고 있었다면, 결국 일본인들은 그들의 농간에 휘둘려 깊은 수렁에서 빠져나오지 못하는 불쌍한 존재가 될 것이기 때문이다. 그리고 실제로 그렇다는 것을 암시하는 사건이 하나 있었다.

2010년 1월 5일 미국의 대형 글로벌 투자은행인 블랙스톤Blackstone에서 애널리스트 겸 부회장으로 활동하고 있는 바이런 위언Byron Wien이 〈2010년의 10대 깜짝 뉴스*10 Surprises for 2010*〉라는 예상 보고서를 발표했다.[30] 그 내용 가운데 마음에 걸리는 대목이 있었다.

> 엔화가 하락해 수출이 개선되면 일본이야말로 선진국 가운데 가장 양호한 실적을 기록하는 나라가 된다. 수많은 중소기업들이 1989년 수준에 비하면 4분의 1가량 낮은 주가로 거래되고 있어 투자가들의 관심을 모으고 있다. 닛케이 평균 주가는 1만 2000엔을 웃돌 것이다.

결과적으로 보면 그 예상은 나머지 아홉 개의 예상과 마찬가지로 사실과 맞지 않았다. 당시 76세의 나이였던 바이런 위언도 과연 나이는 속일 수 없다는 소리를 들었다.

그러나 다시 한번 생각하기 바란다. 앞에서 언급했듯이 2009년 미국이 스스로 디폴트 상태에 빠진다고 천명했고, 실제로 그렇게 될 거라고 믿었던 사람들이 많았다는 사실이다.

바이런 위언도 어떤 의미에서 그런 사람들 가운데 한 사람일 가능성이 크다. 2009년 당시 그가 언급한 '일본의 미래 구도'는 앞에서 내가 주장한 내용과 매우 일치한다. 글로벌 투자은행의 부회장 자리에 있는 사람이었던 만큼 앞으로 일어날 일들을 미리 예상하고 있었을 가능성은 충분하다.

만약 그렇다면 정말 이대로 좋은지 스스로에게 물어봐야 한다. 글로벌 투자 주체들이 생각하고 있는 것은 단지 하나다. 자금의 유출과 유입이다. 그리고 이제부터 대량의 자금이 일본으로 향한다는 것은 자금 유입이 과다해져 포화 상태에 이르게 되는 것을 의미한다.

게다가 앞서도 언급했듯이 동일본 대지진 후 전개되는 거품 경제의 흐름은 오히려 빨리 진행될 수 있다. 자금 유입이 가속화되는 이상, 자금이 유출되는 시기는 더욱 가까워지며 또한 유출될 때의 에너지도 가속화된다.

이른바 재해 복구 과정에서 나타나는 거품을 안정적으로 제거하지 못하면, 자금 유출이 폭탄으로 변해 일본 전체를 초토화시킬 수 있다. 다시 말해서 글로벌 투자 주체들이 '2013년 문제'로 일대 소동을 벌이게 되면, 모두들 일본 국채를 공매도하게 된다. 그러면 그때까지 한껏 달아올라 있던 열기가 거짓말처럼 싸늘하게 식어 일본 시장 자체가 매도로 일관된다. 나중에 남아 있는 자는 멍하니 서 있는 일본인들뿐이다.

"과연 이대로 정말 괜찮은가?" 결과적이긴 하지만, 향후 발생할 수 있는 위와 같은 상황에 대해 지구가 경고의 메시지를 던진 사건이 후쿠시마 제1원전의 가동 중단과 폭발, 그리고 그 후의 방사능 유출이라는 새로운 현실이다.

후쿠시마 제1원전은 1971년 3월부터 가동하기 시작했다. 그야말로 고도의 경제성장과 끝없는 인플레이션을 실현하던 시기였다. 그 무렵에는 모두가 경제는 영원히 성장할 거라고 여겼으며, 따라서 확대야말로 정답이고 소비야말로 미덕인 시절이었다.

그러나 2011년 3월 11일 동일본 대지진의 여파로 말미암아 후쿠시마 제1원전이 가동을 중단하게 되었고 관동 지역은 계획 정전을 실시해야 했다. 도쿄의 번화가마저 암흑천지로 변하는 이상 사태가 발생했고, 일본 경제는 침체기에 돌입했다. 상처의 자국은 아직도 깊기만 하고, 거품 경제가 다가오는 발자국 소리와는 정반대로 실물경제는 쉽사리 회복 조짐을 보이지 않고 있다.

돌이켜 생각해보면, 애당초 원자력발전소라는 문명의 이기를 일본에 이식한 당사자는 다름 아닌 미국이고 유럽이었다(그 증거로 원전 사고 발생 직후 신속하게 움직인 나라가 미국과 프랑스였다). 그리고 그와 같은 문명의 이기야말로 영원히 지속되는 인플레 경제, 확대 지향의 경제를 보장하리라고 믿었다.

그러나 계획 정전이라는 암흑 속에서 분명히 그것과는 전혀 다른 현실이 나타났다. 그 새로운 현실을 다름 아닌 지구가 제시한 것이다. 그런 이상 새로운 현실이 지니는 세계사적인, 아니 인류사적인 의미를 곰곰이 생각해볼 필요가 있다. 그러면 다음과 같은 말이 들릴

것이다.

"확대만이 능사가 아니며, 인플레만도 능사가 아니다. 바람직한 모습은 균형이며, 추구해야 할 것도 균형이다. 지금까지의 근현대사가 확대 일변도였던 이상, 그것과의 균형을 취하기 위해 앞으로의 역사는 오히려 축소 지향적인 길로 가야 한다. 이것이야말로 바로 음과 양의 경제학이다."

그리고 이 시점에서 동아시아에서 살아가는 우리들이 지금 미국식 금융 자본주의를 초월하는 무언가를 원리로 삼아야만 하는 시급한 이유가 있다. 그리고 그 원리가 절대 바다 저쪽에서 건너온 현교여서는 안 된다.

왜냐하면 현교는 결국 미국과 유럽이 금융 자본주의를 이식하기 위해 동아시아에 주입한 것에 지나지 않기 때문이다. 금융 자본주의를 다시 강하게 주입했을 때 유인하고, 파괴하고, 탈취하는 연옥과 같은 곳에서 벗어나기란 거의 불가능하다. 그런 탓에 우리는 서로 미워하고 헐뜯고 윽박지르는 지금까지의 역사에서 헤어나지 못했던 것이다.

동아시아가 동아시아인을 위해 존재해야 하고, 그렇게 하는 것이 세계 전체를 평온으로 인도하는 일이다. 한국과 일본이, 그리고 동아시아가 지금이야말로 음양 사상이라는 밀교로 회귀해야 하는 이유가 바로 여기에 있다. 그리고 음양 사상은 반드시 다음과 같은 요소로 이뤄져야 한다.

- 올라가고 내려간다는 움직임, 즉 변동성volatility 그 자체가 아니라 그 사이에 있는 균형점을 최선의 덕목으로 삼는 정치경제체제를 지향해야 한다. 그와 같은 체제에서는 저절로 빼앗고 빼앗기는 게 아니라 중용과 평온이 기본 방향으로 자리 잡는다.
- 무엇을 가지고 균형점이라고 하는지는 주관적으로 결정되는 게 아니다. 우리들 인간이 살고 있는 이 지구 그리고 대지(자연)와 하늘(우주)에서 도출되어야 한다. 그리고 자연이 이뤄내는 균형 잡힌 시스템 속에 있는 것을 항상 의식하고 거기에 일치하는 경제를 지향해야 한다.
- 균형점은 정치 및 경제와 같은 거시적인 세계에서만 추구하는 게 아니다. 개인이 영위하는 일상생활에서도 필요한 게 균형점의 수렴이다. 육체적인 균형점에서 벗어난 개인이 아무리 많이 모인 곳인들 그 사회는 균형점으로 수렴하지 않는다. 그와 같은 의미에서 식생활 분야도 재검토할 필요성이 있다.

분명히 음양 사상은 2000년 이상 동아시아를 지배한 전통이기는 하지만 지금에 와서는 추상적인 개념으로 흐르고 있는 게 사실이다. 자칫 정신적인 측면만 강조하다 보면, 1900년 당시 중무장한 서구열강western powers에 대해 권법으로 대항한 의화단운동마저 떠올리게 된다.

그러나 반드시 기억해야 한다. 당시 반란을 일으킨 사람들을 철저하게 학살한 미국과 유럽이 그 후 어떻게 되었고 그리고 지금 어떤

지를 말이다. 결국 어느 쪽이 이겼느냐 하는 것은, 어떤 의미에서 보면 어느 쪽이 이기든 상관없다는 말일지도 모른다.

오히려 필요한 것은 분명히 막다른 골목에 들어선 유럽, 그리고 그 유럽을 계승함으로써 생겨난 미국식 금융 자본주의가 이미 앞으로 나아가지 못하고 있다는 사실이다. 마치 그것이 의도적인 행보인 것처럼 보이기도 하지만, 미국과 유럽의 시선은 은밀히 그리고 분명하게 동아시아를 향하고 있다.

그렇기 때문에 지구, 그리고 대지(자연)와 하늘(우주)에 대해 너무나 순박한 삶을 지향하는 음양 사상이 찬란하게 비쳐오는 것이다. 음양 사상은 우리들에게 다른 사람을 굴복시키거나, 그들에게서 무언가를 빼앗는 행위를 통해서는 결코 얻을 수 없는 충족감을 준다. 그리고 말과 행동을 통해 마음의 넉넉함을 전 세계 사람들에게 골고루 나눠주는 것이야말로 금융 멜트다운 후 전개될 새로운 시대를 향해 나아가는 우리 동아시아인들이 분명히 해야 할 역할이다.

동아시아의 삶의 토대이며 규범이라 할 수 있는 음양이 세계사를 움직이는 원리가 될 날이 한 발 앞으로 바짝 다가왔다.

# 에필로그

이 책을 거의 다 집필해갈 무렵, 언제나 지적인 자극을 주고 있는 나의 절친한 친구가 책 한 권을 빌려주었다. 《플러스마이너스 법칙》이라는 제목의 이 책은 일본을 대표하는 배우인 미와 아키히로美輪明宏가 쓴 것이었다.

꼭 읽어보라는 친구의 말을 외면할 수가 없어서 즉시 책을 펼쳐보니 다음과 같은 문장이 눈에 띄었다.

> 이 지구의 사건은 모두 플러스와 마이너스의 법칙을 따르고 있습니다. 예를 들면,
>
> 낮과 밤
>
> 양지와 음지
>
> 음과 양
>
> 북과 남
>
> 남자와 여자
>
> 천사와 악마

열거하자면 끝이 없습니다. (중략)

비가 내리는 날이 있으면 반드시 쾌청한 날이 옵니다. 화성처럼 언제나 날씨가 맑을 수 없으며 항상 물투성이지도 않습니다. 육지가 있으면 바다가 있습니다. 괴로움이 있으면 기쁨이 있는 법입니다

계속해서 판권 페이지를 펼쳐보았다. 2002년 4월에 제1판이 출간된 뒤, 2010년 3월 시점에 '26판'이라고 적혀 있었다. 나는 깜짝 놀랐다. 그 책은 밀교로서의 음양 사상이 일본 사회 속에 뿌리 깊게 남아 있다는 사실을 구체적인 수치로 직접 제시하고 있기 때문이었다.

물론 TV에 나오는 연예인이 쓴 책이다 보니 어렵다거나 까다로운 내용이 적혀 있는 것은 아니다. 보통 흔히 널려 있는 자기계발서라고 단정해버리면 그만일 수도 있다. 그러나 그렇게 치부하고 말기에는 너무도 많은 사람들이 실제로 이 책을 읽고 있었다. 다시 말해서 이 책은 결코 그저 그런 책이 아니었던 것이다.

겉으로는 그런 것들에 대해 믿기 어렵다고 말하면서도, 실제로는

이 음양 사상에 대한 자연스런 관심과 열심히 배우는 자세가 일본인의 실제 모습이기도 하다. 그 결과 이처럼 밀교로서의 음양 사상이 계속해서 살아 있는 것이다.

그렇다면 어째서 그렇게까지 음양 사상을 열심히 배우고 있는지 그 이유를 말하자면, 그것은 일본인들의 전통이기 때문이다. 음양 사상은 학교에서 근엄하게 배우는 내용이 아니다. 그런 만큼 때로는 가까운 사람들에게서 구전이라는 가장 원시적인 경로를 통해 전해 내려 오는 사상이 바로 음양이다.

유나이티드북스로부터 집필 의뢰를 받았을 때, 가장 먼저 생각난 게 음양 사상을 주제로 해서 집필해보고자 하는 계획이었다. 왜냐하면 이 출판사가 한국, 중국, 대만에 있는 출판사들과 제휴 관계를 맺어 '동아시아인에 의한, 동아시아인을 위한 언론'을 구축한다는 매우 야심찬 비전을 수행하기 위해 설립한 출판사였기 때문이었다.

당연히 염두에 둬야 하는 독자층은 일본인뿐만이 아니다. 물론 일본인 독자층을 대상으로 하는 책을 집필해서 그대로 번역하여 이웃 나라 출판 시장에 출간할 수는 있다. 하지만 그렇게 하면 너무 무의미하지 않겠는가. 그래서 이 책은 어디까지나 동아시아인에 의한, 동아시아인을 위한 언론의 토대를 구축한다는 목적 의식 아래 집필되었다.

생각해 보면 외무성에서 근무할 당시에는 동아시아 공동체라는 말을 매우 자주 들었다. 하지만 아시아·오세아니아 지역을 담당했던 한 사람으로서 말하자면, 동아시아 공동체라는 말은 지나치게 추상적이었으며 앞뒤가 맞지 않았다.

물론 그 당시부터 외교관들은 동아시아 공동체에 대해 논의하기 위해 자주 회의를 가졌다. 그 때문에 옆에서 보면 동아시아 공동체가 어떤 실체라도 있는 것처럼 보이기도 했다.

그러나 휘갈겨 쓴 영문 서류와 '회의는 춤춘다. 그러나 진전은 없다'는 식의 전개방식은 차치하더라도, 우리가 거주하고 있는 동아시아에 공동체는 전혀 형성되어 있지 않았다. 형성은커녕 이웃나라와의 영토 분쟁만이 부각되고 있을 뿐, 한 배에 올라타겠다는 분위기는 전혀 조성되지 않고 있다.

물론 그래도 상관없다고 여길 수 있다. 한국이든, 중국이든, 대만이든, 일본이든 각자 국민국가라고 확실하게 정체성을 유지하고 있으면 그것으로 충분하다고 말할 수 있기 때문이다.

그렇지만 그와 같은 느긋한 국가관을 여지없이 짓밟은 사건이 있지 않았는가. 금융 멜트다운으로 대표되는 금융 자본주의의 급속한 침투와 그 후의 붕괴 말이다.

"지금 전혀 새로운 무언가가 필요하다."

이 말이야말로 동아시아는 물론 세계 전체에서 설득력을 얻고 있다. 그러자 문득 "우리 동아시아는 도대체 무엇을 근거로 살아왔으며, 또 이제부터는 무엇을 근거로 살아가야 하는가?" 하는 문제에 대해 생각하게 되었다.

원래 음양 사상은 한편으로는 국가와 사회 전체를 다룬다는 의미에서 거시적인 세계며, 다른 한편으로는 개인과 생활을 다룬다는 의미에서 미시적인 세계라고 할 수 있다. 원래대로라면 양자는 밀접 불가분의 관계지만, 그 가운데 전자의 거시적인 세계는 이윽고 서양 문명에서 전래된 외래 사상으로 대체된다. 그리고 후자의 미시적인 세계도 압박을 받으면서 서서히 공식화해서는 안 되는 밀교가 되고 말았다.

단적으로 말하자면 이 책은 이와 같이 분명 잘못된 역사를 바로잡는 데서부터 시작해 동아시아에 공통된 논의의 토대를 구축하고자 하는 시도라고 할 수 있다. 핵심적인 내용을 위주로 하여 최대한 강조하고자 노력했다.

하지만 4개국의 독자들을 동시에 대하는 것은 나로서는 처음 겪는 경험이었기 때문에 집필하는 도중에 당황하거나 고민에 빠지는 순간들이 적지 않았다. 이웃나라이긴 하지만 현실적으로 존재하는 다툼이나 분쟁을 집중적으로 언급하면 공통된 논의의 토대를 구축하기란 완전히 불가능해진다. 그렇다고 해서 개념 없는 동아시아 공동체론자들처럼 이웃나라들 간에 다툼이 전혀 없었던 양 언급한다는 것 또한 공상과학 소설을 쓰는 것처럼 우스운 꼴이 되어버리기 때문이다.

그런 의미에서 나는 최대한 중립적인 관점에서 객관적으로 표현하고자 노력했다. 각 나라 독자들의 입장에서는 어느 부분은 좀 더 구체적으로 언급해줬으면 하는 아쉬움이 있었을지도 모르겠다. 그러나 각 사안에 대한 좀 더 구체적인 설명은 다른 책에 맡기기로 하고, 이 책은 어디까지나 4개국의 최대공약수를 도출하는 데 주력했다는 것을 밝혀둔다.

이 책의 또 하나의 집필 의도는, 경제는 밀접하게 연관되어 있으면서 언론은 상호 교류하지 않는 동아시아의 현상을 타파하기 위해서였다. 이 책을 접하는 한국과 중국, 일본, 대만의 독자들은 이 책에 대해 조언할 내용이 있으면 주저 없이 영어나 일본어로 나에게 메일을(mail@haradatakeo.com) 전송해주기 바란다.

2011년 3월 11일에 발생한 동일본 대지진으로 말미암아 나타난 새로운 현실은 미국과 유럽이 지금까지 전 세계에 확산한 금융 자본주의와 그것을 유지하는 시스템이 이미 붕괴했다는 시실이다. 그 최초의 희생자가 미국과 유럽이 아니라 일본이었다는 것은 너무나도 당연한 역사적 아이러니다. 그러나 그와 동시에 일본이 수행해야 하는 책임과 역할 또한 막중하다.

일본이야말로 재해 복구 과정에서 나타날 거품 발생 이후 반드시 닥쳐올 거품 붕괴를 차단하면서 금융 자본주의를 대신하는 음양 사상에 입각한 전혀 새로운 이정표를 전 세계에 제시해야 한다. 일본이 수행해야 하는 역할은 중대하면서도 매우 의미 있는 것이다.

이 역할을 완수했을 때 역사는 분명히 다음 단계를 맞이할 것이다. 그리고 다음 단계의 문을 열어야 하는 운명을 짊어지고 있는 주체는 음양 사상을 인지하고 있는 일본과 한국이며, 그리고 음양 사상을 신봉하고 있는 동아시아 국가들이다. 그런 의미에서 '탈 미국 시대의 나침반'은 우리들이 살아가고 있는 동아시아를 자라나게 할 풍요로운 대지에 있다.

이 책을 완성하는 과정에서 유나이티드북스의 후카사와 하루히코

深澤晴彦 편집장에게 많은 도움을 받았다. 이 자리를 통해 감사의 말을 올린다. 또한 날이 갈수록 바빠지는 나를 열심히 보조하고 있는 연구소 직원들에게도 감사의 말을 전한다.

아무쪼록 이 책이 동아시아에서 태어나 거기서 살고 있는 모든 독자들의 인생을 더욱 풍요롭게 하는 데 도움이 되기를 바란다. 그리고 무엇보다 동일본 대지진으로 말미암아 불행하게도 운명을 달리한 많은 분들의 명복을 빈다.

대지진이 발생한 지 1개월이 지난 음력 4월
도쿄 구니다쓰 사무실에서
하라다 다케오

# 주

1 http://thehill.com/blogs/on-the-money/budget/136365-debt-limit-increase-needed-soon-to-avoid-catastrophe-geithner-says
2 http://www.treasury.gov/resource-center/data-chart-center/tic/Documents/mfh.txt
3 http://www.consilium.europa.eu/uedocs/cms_data/docs/pressdata/en/ec/118578.pdf
4 http://www.eubusiness.com/news-eu/economy-finance.802
5 http://online.wsj.com/article/SB10001424052702304604204575181883346211998.html
6 http://www.ndl.go.jp/jp/data/publication/issue/0525.pdf
7 http://www.asahi.com/politics/update/1223/TKY201012230002.html
8 http://www.mofa.go.jp/mofaj/kaidan/s_kan/cn_kr_1010.html
9 https://www.cia.gov/library/publications/the-world-factbook/rankorder/2178rank.html
10 http://www.isejingu.or.jp/shikinensengu/shikinen-index.html
11 http://www.asahi.com/culture/update/1026/OSK201010260001.html
12 http://ja.wikipedia.org/wiki/%E5%B9%B3%E5%A3%8C
13 http://j.people.com.cn/94474/7251999.html
14 http://www.growthcommission.org/index.php?Itemid=169&id=96&option=com_content&task=view&lang=japanese
15 http://www.recordchina.co.jp/group/g13754.html
16 http://long-net.com/topics/article.php?uri=22194320
17 http://www.life-enthusiast.com/ormus/orm_bio_transmut.htm
18 http://homepage2.nifty.com/cosmo-formalism/sakusaku/1_1.htm
19 http://www.een.co.jp/

**20** http://www.jica.go.jp/story/feature/feature_01.html

**21** http://www.mof.go.jp/jouhou/kokkin/g20.htm

**22** http://www.nikkei.com/news/print-article/g=96958A9C93819481E3EBE2E0998DE3EBE2E0E0E2E3E3E2E2E2E2E2E2;bf=0;m=96948D999D9C819A9B9C8D8D8D8D;R_FLG=0

**23** http://www.faz.net/s/Rub3ADB8A210E754E748F42960CC7349BDF/Doc~ED382A0CB91C2476AB4D3386B343FB50E~ATpl~Ecommon~Scontent.html

**24** http://www.businessinsider.com/economic-warfare-risks-and-responses-2011-3

**25** http://www.businessinsider.com/economic-warfare-risks-and-responses-2011-3

**26** http://www.reuters.com/article/2009/06/19/usa-italy-counterfeit-idUSN1946360420090619

**27** http://www.businessweek.com/news/2011-03-05/china-s-wen-targets-inflation-to-limit-risk-of-social-unrest.html

**28** http://www.telegraph.co.uk/finance/newsbysector/banksandfinance/8363584/HSBC-reveals-plans-to-quit-London-for-Hong-Kong.html

**29** http://www.morningstar.co.jp/portal/RncNewsDetailAction.do?rncNo=382229

**30** http://www.blackstone.com/cps/rde/xchg/bxcom/hs/firm_commentary_2010-01-05.htm

## 참고 문헌


- 하라 요스케原洋介, 《신판 아시아 경제론》, NTT출판.
- 동아시아 공동체평의회, 《동아시아 공동체 백서 2010》, 다치바나출판.
- 막스 베버, 《프로테스탄티즘의 윤리와 자본주의 정신》, 이와나미서점.
- 아즈마 가즈오東和男, 《창세기의 도요타와 상하이–그 알려지지 않은 역사》, 시사통신사.
- 와타나베 도시오渡邊利夫 & 아사모토 데루오朝元照雄, 《대만경제독본》.
- 다카하라 모토아키高原基彰, 《스피드와 실행력의 나라, 한국의 젊은이는 행복한가?》, 동양경제신보.
- 와타나베 도시오渡邊利夫 & 21세기정책연구소 감수, 《국제 금융위기 후의 중국 내수 확대와 구조조정을 향해》, 경초서방.
- 하로란 후미코ハロラン芙美子, 《미국 정신의 근원 : 신의 가호 아래 있는 나라》, 주코 신서.
- 피터 드러커Peter Drucker, 〈프리드리히 율리우스 슈탈 : 보수주의적 국가론과 역사 발전〉, 다이아몬드 하버드비즈니스리뷰.
- 하스미 히로아키蓮見博昭, 《종교에 흔들리는 미국–민주정치의 배후에 있는 것》, 일본평론사.
- 시노다 겐이치篠田謙一, 《일본인이 된 선조들–DNA로 규명하는 다원적 구조》, 일본방송협회.
- 도야 마나부戸矢學, 《음양도란 무엇인가–일본의 역사를 속박하는 신비한 원리》, PHP신서.
- 이노우에 사토시井上聰, 《고대 중국 음양오행 연구》, 한림서방.
- 기타무라 다카시北村多加史, 《풍수와 천황릉》, 강담사.
- 황영융黃永融, 《풍수 도시–역사 도시의 공간 구성》, 학예출판사.
- 미야모토 겐지宮元健次, 《에도 시대의 음양사–덴카이의 랜드스케이프 디자인》, 인문서원.
- 이노우에 미쓰오井上滿郎, 《헤이안쿄와 풍수–도성 설정 원리와 풍수 사상의 관계》, 사문각출판.
- 무라야마 슈이치村山修一, 《일본 음양도사 총설》, 하나와서방.
- 와타나베 요시오渡邊欣雄, 《풍수 사상과 동아시아》, 인문서원.
- 무라야마 치준村山智順, 《조선의 풍수》, 류케이서사.
- 노자키 미쓰히코野崎充彦, 《지금 되살아나는 용맥–한국의 풍수가들》, 인문서원.

- 최창조, 《한국의 풍수 사상》, 민음사.
- 스즈키 마사유키鐸木昌之, 《북한 사회주의와 전통의 공감》, 도쿄대출판부.
- 와타나베 요시오渡邊欣雄, 《풍수기의 경관지리학》, 인문서원.
- 성장발전위원회, 《경제성장에 관한 보고서, 지속적 성장과 포용적 발전을 위한 전략》.
- 요코타 데쓰하루横田哲治, 《황실의 건강식》, 신조사.
- 이시즈카 사겐石塚左玄, 《일반적인 먹을거리 양생법》, 고서적.
- 모치다 고이치로持田鋼一郎, 《세계가 인정한 일식의 지혜, 마크로비오틱 이야기》, 신조사.
- 아기 요네토阿基米得, 《가타카무나 문명의 비밀》, 도쿠마서점.
- 히라노 히데키平野秀樹&야스다 요시노리安田喜憲, 《빼앗기는 일본의 숲-외국 자본이 수자원을 노리고 있다》, 신조사.
- 나라자키 고게쓰楢崎皐月, 《정전삼법靜電三法》, CMC기술개발주식회사.
- 후나이 유키오船井幸雄, 《이야시로치-만물이 소생하는 곳이 있다》, 평언사.
- 하라다 다케오原田武夫, 《세계통화전쟁 후의 지배자들-로스차일드가와 황금 나라의 '밀약'》, 소학관.
- 케빈 프리맨Kevin Freeman, 〈경제 전쟁 : 리스크와 반응〉.
- 하라다 다케오原田武夫, 《계획 파산 국가 미국의 올가미 그리고 세계의 구세주가 되는 일본》, 강담사.
- 런던시티City of London, 〈아시아 금융센터의 미래-런던시티의 도전과 기회〉
- 미와 아키히로美輪明宏, 《플러스마이너스 법칙》, 파르코출판.

KI신서 3431

**음양의 경제학**

**1판 1쇄 인쇄** 2011년 7월 22일
**1판 1쇄 발행** 2011년 7월 28일

**지은이** 하라다 다케오 **옮긴이** 강신규
**펴낸이** 김영곤 **펴낸곳** (주)북이십일 21세기북스
**출판콘텐츠사업부문장** 정성진 **출판개발본부장** 김성수 **프로젝트팀장** 정지은
**기획 · 편집** 윤홍 **디자인** 박선향 **해외기획** 김준수 조민정
**마케팅영업본부장** 최창규 **마케팅** 김보미 김현유 강서영 **영업** 이경희 박민형
**출판등록** 2000년 5월 6일 제10-1965호
**주소** (우 413-756) 경기도 파주시 교하읍 문발리 파주출판단지 518-3
**대표전화** 031-955-2100 **팩스** 031-955-2151 **이메일** book21@book21.co.kr
**홈페이지** www.book21.com
**21세기북스 • 트위터** @21cbook **• 블로그** b.book21.com

ISBN 978-89-509-3187-2 13320
책값은 뒤표지에 있습니다.